U0424280

侨批研究丛书

侨批档案图鉴

广东省档案馆 编
张美生 编著

中山大学出版社
·广州·

版权所有　翻印必究

图书在版编目（CIP）数据

侨批档案图鉴/广东省档案馆编，张美生编著.—广州：中山大学出版社，2020.5

（侨批研究丛书）

ISBN 978-7-306-06774-6

Ⅰ.①侨… Ⅱ.①广…②张… Ⅲ.华侨—书信集 Ⅳ.D6343

中国版本图书馆 CIP 数据核字（2019）第 267962 号

Qiaopi Dang'an Tujian

出 版 人：	王天琪
封面题字：	张樟奇
策划编辑：	王延红
责任编辑：	王延红
封面设计：	刘 犇
责任校对：	叶 枫
责任技编：	何雅涛
出版发行：	中山大学出版社
电　　话：	编辑部 020-84111996，84113349，84111997，84110779
	发行部 020-84111998，84111981，84111160
地　　址：	广州市新港西路135号
邮　　编：	510275　　　　　传　真：020-84036565
网　　址：	http://www.zsup.com.cn　　E-mail:zdcbs@mail.sysu.edu.cn
印 刷 者：	广州一龙印刷有限公司
规　　格：	787mm×1092mm　1/16　19.5印张　360千字
版次印次：	2020年5月第1版　2020年5月第1次印刷
定　　价：	128.00元

如发现本书因印装质量影响阅读，请与出版社发行部联系调换

侨批档案图鉴

张樟奇 书

——张樟奇先生为本书题签书名

前　言

　　侨批，俗称"番批"，是海外华侨通过民间渠道及金融、邮政机构寄回故乡的"银或银信"①。这些银或银信主要分布于粤、闽两省，其中，广东省潮汕地区的侨批数量最多，约占总量的2/3②。薄薄一纸侨批，是连接海内外华侨与侨属的思想与情感、物质和希望的纽带，使之天涯若比邻，见字如晤。

　　潮汕地处广东省东南沿海，是我国著名侨乡。地理范围虽小，但海域辽阔，自古以来为出洋谋生者提供了舟楫之便。乾隆年间，清廷允许沿海商民出洋贸易，为濒临大海的潮汕人提供了移民海外的契机。当时，樟林港因是闽粤通衢，又是"河海交汇之墟"的港口，在汕头开埠之前，成为粤东、闽南一带通往外洋的商贸口岸，一批又一批的贫苦人就是搭乘"红头船"从樟林港出发，沿着南澳海域，扬帆东南亚，开启发家致富的梦想。1860年汕头开埠后，樟林港由于逐渐淤浅，影响航运，曾经辉煌的"红头船"日益被更先进的蒸汽轮船所代替，使得出洋更为便捷，络绎不绝。

　　漂洋过海的潮汕先民，筚路蓝缕，为了生活四处奔波，或从事走码头、采矿、开荒、筑路等苦力劳动，或摆地摊、"担八索"，走街串巷，挣点微利。职业虽不同，但目标一致，那就是赚钱养家。他们时刻牢记着"钱银知寄人知返，勿忘父母及妻房"的临别叮咛。批信中有一句话："儿虽做牛做马，也要尽力寄批，了却老母倚门之望。"表达了"过番人"的责任和担当。一封封凝聚着海外游子血汗的

---

　　① 侨批通常被认为是"银信合一"或"银信合封"，但笔者通过对比研究大量侨批实物和走访侨属，认为侨批不一定为银信合一或银信合封，故提出侨批为"银或银信"的观点。"银"指有银无信，"银信"指银和信。

　　② 2012年5月，国家档案局以16万份的侨批收藏量向联合国教科文组织申请中国侨批档案列入《世界记忆名录》。其中，潮汕历史文化研究中心侨批文物馆的收藏量为10.3万份，占64%。

侨批，写满了谋生的艰辛和对故乡亲人的牵挂。

"侨批档案"作为侨乡原生态的"草根"文献，源于民间、递寄于民间，也保存于民间，成为特色鲜明的乡土遗存。其涉及的是一个数以万计的移民群体，而且从清朝、民国直到新中国成立以后，历时一百多年，留下了丰富的族群集体记忆，见证了海外华侨为侨居国和祖国所做出的巨大贡献。侨批既是华侨赡养亲人的凭证，也是华侨爱国、思乡、顾家的真实写照，更是睦邻友好、促进海内外交流发展的历史缩影。这种跨国的两地书，产生于海外、落地于国内，然后再从国内回信外洋，因此，从批信中可了解到侨居国的人文风俗和国内亲人之间的情感交流，又可窥见当局的规章制度以及国际形势的变幻。同时，侨批还反映了水客、批局、邮政、银行等揽收侨批过程中相互协作的痕迹，具有十分珍贵的文献价值和研究价值。

侨批数量庞大，款式多样，内容复杂，而且时间跨度长，如何判断一件侨批的好与差呢？简而言之，就是年代越久远，批封、批信齐全，没有残缺，未被污染的侨批就是好侨批。但从华侨寄批赡养亲人的角度来说，一封侨批就是一份爱和牵挂，皆为华侨故乡情结的体现，每件侨批都是有温度、有味道、有感情的，见信如见面，件件都是好侨批。而从文献价值的角度来说，侨批就存在优劣之分。从目前征集的晚清至新中国成立后的侨批来看，随着历史的演变，每个时期都出现了具有时代特征的特殊内容和特殊印记，这就是学术界、书法界、集邮界等领域的行家重点研究、利用的对象。侨批在写批、寄递、中转、落地到侨属接收批银等收发过程中，已烙下了各种历史印记，这些内容各异的印记，正是侨批的重要组成部分，也是解读侨批必不可少的要素。通常情况下，学界在选择研究题材时，会根据自己的研究方向，物色符合要求的批信或印戳。例如，研究侨史方面的学者会比较注重批信内容。一些有一定文化知识的旅外谋生者，从出洋之日起，就将他所看到的、所听到的、亲身经历的谋生艰辛、异国风俗、人情冷暖及当局规章制度等写进批信中，这种批信往往较有社会历史研究价值，较受学界青睐。又如，对书法感兴趣的人，当然首选书写美观的批信。侨批中比较常见的是行楷书法，书者信手拈来、潇洒自然、无拘无束的书写风格，受到书法爱好者的追捧。至于集邮和研究邮史的人，则侧重于批封上戳记的清晰度及利用意义等，如批局印、邮政印、银行印、中转印、盖销印、落地印、日伪印、宣传印等举不胜举的印章戳记。一件侨批内容越丰富、印记越清晰，就越能佐证历史；说明邮途的迂回曲折和来龙去脉越清楚，就越有历史意义和经济价值，也就是所说的好侨批。不可否认的是，一些信息单薄又较近期的侨批，自然就属于较差的侨批了。当然，世事嬗变，若干年后，也许对这些相对差的侨批又会有新的评论。

侨批档案的分级评星,是编者根据逾30年收集的泰国、新加坡、马来西亚、印度尼西亚、越南、老挝、柬埔寨、缅甸及我国香港地区邮寄潮汕的侨批,以及潮汕邮寄外洋的回信,加上与侨批存在直接关系的档案为原始素材,结合长期从事基层实践与研究而逐步做出的。由于对侨批分级评星国内外尚无先例,故无章可循,难度很大。构思方案时,首先确定的是,不可能将所有侨批都搬进本书,让读者像查阅钱币或邮票等工具书一样,按图索骥,一币一票对号入座。因为每一封侨批都是完整、独立的,有时还可能有相似的,但又不是完全一样的。所以只能择较有代表性的侨批,按时间先后顺序进行编排,力求书中的例图能让读者得到启益,触类旁通,举一反三。

本图鉴收录的侨批,展示了潮汕早期的同户侨批和回批——实吻(今新加坡)华侨林克钟(祯、贞)于光绪八年(1882)至光绪十八年(1892)寄海邑(今潮安县)古楼乡小儿林荣科及其妻子陈氏收的同户侨批以及侨属寄实吻的回批,共9件。其中两件干支纪年齐全,为鉴定具体时间提供了直接有效的证据。当然,鉴定侨批年代,除了干支纪年外,侨批上的货币、印章、戳记、广告、地名、批封形制、水客手记、纸质颜色、批局名称等相关的历史信息,都是重要的佐证和依据。这就要求鉴定侨批者首先必须具备长期收集、研究侨批原始资料的基层实践经验。所谓"侨批原始资料",就是通过侨户直接收集而来的侨批,且未经任何人挑选过的,不论数量多少,能基本保存某个时间段的特征和原始信息。一封封、一叠叠、一箱箱枯燥乏味的侨批,就是教会我们初步辨别优劣的"启蒙老师"。而这只是了解侨批的皮毛而已,还必须不厌其烦、持之以恒,重复翻阅看似杂乱无章但又蕴含世间百态的侨批文献,逐一整理、比较、标记号、查资料、分门别类、厘清脉络,从中一点一滴积累经验,聚沙成塔之后,对于侨批档次的高低,心中自有一杆秤。这就是马克思主义的"实践出真知"。

侨批档案中,每一个历史时期都会涌现一些较有特色的侨批,有晚清侨批、票根、折叠批,还有清末民初的"七二兑"侨批等。所谓七二兑,是指重量为七钱二分、白银成色为90%的银币。

旅外华侨托水客或批局寄批时,双方议明寄交侨属的批银是"壹圆"七钱二分的足重银币(有的批局为示诚信,在批封上加盖本局分发批银的具体名称,如商民乐于接受的龙银①、鸟银②、光面银③等），为防有误，华侨在写批时，批封和内信均写明本次寄交批银的种类。晚清以后，外国洋钱大量涌入中国，品种繁多，良莠不齐。既有墨西哥、日本、美国、英国等成色和重量较足的七钱二分银币，也有西班牙、葡萄牙、菲律宾等六钱七分的杂币，其中墨西哥鹰洋最受华侨、侨属信任，因而，这一时期在侨批封上偶尔可见写有"鹰银""莺银""英洋"④等，指的就是墨西哥银圆。

　　银圆时期海外寄潮汕的侨批，数量不少，而潮安县尤为突出。民国早期的潮安侨批中，经常可看到收批人的地址写有"海邑"二字。海邑是指广东省海阳县，该县因与山东省的海阳县同名，因此于1914年改名为潮安县。但华侨写批还是习惯将潮安县写为"海邑"。20世纪20年代中期的银圆侨批，常常使用"红条封"和"山水封"寄批，时间多以干支纪年，而且地址往往写为"海邑"。若用"红条封"寄银圆，收批地址是"海邑"某乡的，但纪年缺略的侨批，这对于一些侨批爱好者来说，要判断其具体年代确实有些困难。但是，如果上述信息都集中在一件"山水封"的侨批上，便可以肯定地判断其年代是20世纪20年代以后的。

　　说到银圆侨批，不得不提及一枚汕头邮政的宣传戳记："伍仟万同胞待毙，捐款交上海九江路国府救济水灾委员会"。该印记记录了重大历史背景，成为见证历史的稀少文献。逾百年的侨批中，的确遗存一些可遇不可求的珍贵实物，这不仅仅是指稀少的印记或内容丰富的超长篇幅批信，还有求之不得的"三件套"侨批，即：侨批、回批、票根三件列字相同和编号相同。侨批是从国外寄入国内的，回批是从国内寄往国外的，两者背道而驰。而作为寄批凭证的票根，则是批局开给寄批人由寄批者保存的。只有外洋的寄批人将回批及票根寄回或带回故乡，才有可能配成三件套，但概率极微，故三件成套的侨批是极为罕见的。

　　1935年11月4日，国民政府实行币制改革，发行国币，禁止银圆流通。国币时期的侨批，由于处于战时状态，因而时常承载了战时信息。1941年12月7日太平洋战争爆发前夕，越南寄潮汕的侨批，有走陆路的，也有经航运的。经航运的在

---

① 龙银：光绪十五年（1889）两广总督张之洞在广东设造币厂铸造银圆，批量投入市场流通，为中国银圆之先驱。该币正面书"光绪元宝"，背面为中国蟠龙图案，俗称"光绪龙"或"龙银"。

② 鸟银：即墨西哥鹰银，因该银币正面是飞鹰图案，人们习惯称鹰为鸟，故称鸟银。

③ 光面银：银币表面光洁，没有磨损和凿痕的银圆。

④ 鹰银：鹰银是旧时墨西哥银圆，因银圆正面是雄鹰图案，故称鹰银。"鹰"与"莺""英"是同音字，华侨写批时，往往写作"莺银""莺洋""大莺洋""大鹰银"等。

香港中转后再乘船运往隔河相望的深圳,从深圳进口后的侨批,经惠阳中转至汕头,再转发潮汕各地。这也说明 1939 年 6 月 21 日汕头沦陷后,邮政机构仍然收转海外批信。但战争形势瞬息万变,临时改变邮路也是正常之事,侨批因特殊原因而加盖中转戳记是非常稀少的。抗日战争时期,外洋寄入国统区的侨批,批款分发国币,批封上时常可见有"批捐"的印记、批捐信息以及一些地方戳记,如:"广东揭阳""广东兴宁""广东官塘""广东樟林"等,这些批捐和戳记,记录了历史信息,成为鉴定侨批好或差的具体依据。而寄入沦陷区的侨批,批款分发储备券(新币、储券),有的还加盖"和平区"的日伪印记。日伪印记使用时间短,数量极少;不用赘言,这些侨批当然十分珍贵的。抗日战争胜利后,国币急剧贬值。1948 年,华侨寄批,批款一月比一月攀升,从单封的几万、几十万、几百万上升到几千万,甚至上亿,钞票越寄越多,越多越跟不上币值暴跌的速度,钞票几乎成为废纸。但单封批款寄几亿元的,也属于非常少见的侨批。

中华人民共和国成立后,东南亚各国严格限制华侨寄批,为应对当局的苛刻规章,暗批和暗语批便应运而生。暗批主要出现于 20 世纪 50 年代的马来西亚沙捞越和新加坡,其操作方法是将批封上面的批款贴上邮票遮盖或批封上不写批款但同样贴邮票,以普通信件寄递,规避检查。这种暗批数量不多,邮票和戳记美观的更少。而暗语批则使用时间较长,直至 20 世纪 70 年代,实物数量不少,使用暗语寄批,多以批局提示的内容,但也有一些十分少见的自拟名称。1973 年,根据国务院指示,侨批业归口中国银行管理。海外寄潮汕侨批,依然接连不断,直到 20 世纪 90 年代以后才逐渐减少,从收集的实物看,一直延续至 2010 年。这个时期的侨批形制还是保留了传统批信的格式,列字、编号、附言、纪年等一项不少,只是未见任何印记,是否为私人钱庄或旅行社收寄则不得而知。需要说明的是,寄于近年的侨批,是十分稀见的。

如今,侨批已退出历史舞台,但它见证了 19 世纪以来潮汕先民沿着"海上丝绸之路"移民南洋、艰苦创业、开拓进取的历程,见证了海外游子为侨居国的文明进步披荆斩棘、抛洒血汗、甘于吃苦的奋斗精神,见证了旅外华侨心系桑梓、知恩图报的赤子情怀。长期以来,源源不断的批款挹注,不仅接济了亲族乡邻,而且为繁荣地方经济和国家收支平衡做出重大贡献。国际著名汉学家饶宗颐先生如此评价侨汇对地方社会产生的巨大作用:"潮州经济之发展,以华侨力量为多,而有造于侨运之发扬,应推华侨汇寄信款之侨批业。"[①] 为此,他把侨批誉为"侨史辉煌"

[①] 饶宗颐纂:《潮州志·实业志》,潮州修志馆 1949 年,第 72 页。

"海邦剩馥",和中国历史上的"敦煌文书""徽州文书"相提并论。2013 年,"侨批档案"入选《世界记忆名录》,这是联合国教科文组织对侨批档案历史价值的重视和肯定。

张美生

2019 年中秋

凡 例

一、本图鉴旨在帮助读者了解侨批档案的历史,并为收藏、征集、鉴定、估价等提供鉴别依据。

二、本图鉴选录的侨批档案,均来自今泰国、新加坡、马来西亚、印度尼西亚、越南、柬埔寨、老挝、缅甸和中国香港地区寄至潮汕的侨批和潮汕寄外洋的回批,以及与侨批档案相关的护照、居留证、出入境证、印章等共约700件。

三、本图鉴编排以时间先后为顺序,上自晚清的1882年,下迄21世纪的2010年。本书选录的侨批档案皆为编著者收藏的原件。

四、为了使侨批档案的价值鉴定有一个相对客观、细致的评判标准,根据侨批档案的实物、品相、年代、印章、戳记、地名、批局、银行名称与水客手记等关键信息,结合侨批档案的具体特点,并借鉴邮币等工具书的评级经验,本图鉴评判侨批档案的价值以☆的数量作为"保藏参考指数",评判得☆越多价值越高,反之则越低。即第一章(一级)为稀少侨批(7、8星),第二章(二级)为较少侨批(5、6星),第三章(三级)为较多侨批(3、4星),第四章(四级)为泛泛侨批(1、2星)。附录未做分级,只对其中纸质档案逐一评注保藏参考指数。

五、侨批书写为繁体字、异体字的,一律以简体字录入。

六、批信纪年、月份有大写和小写混写的,照原文录入,不予改变。侨批的编号如以商码书写的,则以阿拉伯数字录入。

七、每封侨批均提取标题、标题中的寄批人地址(原批照录封面或批信中的寄批人地址),个别侨批封面未写明寄批人地址的,则由该批的印章、戳记及批信中或同户侨批提取的信息录入。如"叻""越""暹""塔""巨港""占碑""沙捞越""香""蔴"等均在每章中首次出现时以[ ]注明国名或地区名称,如"叻[新加坡]""暹[泰国]""香[香港]"。以下重复出现时,不另标注。

八、文中标注、夹注、补注、校正及农历月份别称均用( )表示,难以辨认的字用□表示。

九、附录中华侨史料的保藏价值,以年代、品相、存世量等为依据。用1~8星标注保藏参考指数,得星越多,价值越高。

十、侨批档案分级评判参考项目表：

侨批档案分级评判参考项目表

项目	细目	标准	1	2	3	4	5	6	7	8	9	10
原件	★真实原始	封、信同套	有银无信、有封无信	有信无封、侨批通知书	批单、回批、赊批	欠资侨批、潮汕转外地	票根、票根代批	国内代写代寄	侨汇证明书、批信内容丰富	寄批地稀少侨批	晚清至20世纪50年代以后侨信
年代	★年代久远	清末	民初	20世纪20年代	20世纪30年代	20世纪40年代	20世纪50年代	20世纪60年代	20世纪70年代	20世纪80年代	20世纪90年代及以后
制式	★制式特别	折叠一体	红条封、山水封	预制批封	预制内信	口信寄款	邮资封	来批总包、回批总包	中式封、西式封、航空封	纪念封、公司封、折页	单页普通封
印章	★印记清晰	水客印章	批业商号印章	营业性批信章	兑换币种印章	批局解款印章、银行结汇印章	销票戳、落地戳	中转印章、邮政日戳	海关印章检查印戳	宣传口号	吉祥章、书柬章、护封章
信息	★信息充分	侨批必备的要素俱全	污损但保留关键信息	残破但保留关键信息	列字编号						
款项	★批款明确	鹰银、龙银	七二兑、大洋	大银	大洋券	国币	金圆券	董数	港币	南方券	人民币
品相	★品相佳美	外观完整	略有缺损	书写美观	字迹漫漶	书写潦草	自写批代写批	虫蛀批鼠咬批	铁锈批剪票批	撕票批	熏烤批污渍批
配对	★成对配套	来批、回批、票根成套	来批、回批成套	来批、票根成套	回批、票根成套	来批、通知书成套	来批、补回批代写批成套	来批、通知书、催单成套	暗批、通知书、加补人民币通知书成对		
关联	★脉络关联	同人侨批	同户侨批	同族侨批	同乡侨批	友人侨批	来批夹亲朋书信	回批夹亲朋书信		侨生侨批	
特色	★时代色彩	辛亥前后	废银前后	抗日战争时期	国币升贬前后	新中国成立前后	抗美援朝	"文化大革命"	改革开放		侨行社收发侨批

注：①项目：从十个方面评判鉴定侨批档案。

标准：每个评判鉴定项目的最佳保真批档案。

细目：具体侨批档案的细化，按具体档案实物状况。

②具体侨批档案的保藏参考指数，以评判鉴定项目和项目相对应的细目比照，鉴别优劣。

③依据上表，可将侨批档案大致分为四级：一级（保藏参考指数7、8星，存世量：稀少）

二级（保藏参考指数5、6星，存世量：较少）

三级（保藏参考指数3、4星，存世量：较多）

四级（保藏参考指数1、2星，存世量：泛广）

目 录

第一章

引言 / 3

1-1　1882年实叨［新加坡］林克钟寄海邑（今潮安）古楼乡林荣科侨批 / 5
1-2　1883年实叨林克祯寄海邑古楼乡林荣科侨批 / 5
1-3　1885年古楼乡宫后陈氏寄实叨丈夫林克钟回批 / 6
1-4　1885年古楼乡宫后荣科寄实叨父亲林克钟回批 / 6
1-5　1885年叨林克祯寄海邑妻陈氏侨信 / 7
1-6　1886年古楼乡陈氏寄实叨丈夫林克贞回批 / 8
1-7　1887年叨黄荣□寄古楼乡林钟兄侨批 / 9
1-8　1888年叨林克钟寄海邑古楼乡林荣科侨批 / 9
1-9　1892年仙那港［马来西亚］林荣科寄海邑母亲侨批 / 10
1-10　1906年暹罗［泰国］林牛寄饶邑隆都（今澄海隆都）母亲侨批 / 11
1-11　1906年暹罗林特仪寄饶邑隆都坤焕侨批 / 11
1-12　1906年暹罗林大牛寄饶邑隆都母亲侨批 / 12
1-13　1907年叨陈崇盛寄澄邑（澄海）大牙乡蔡奈弟舅亲侨批 / 13
1-14　1908年叨陈崇盛寄澄邑大牙乡蔡奈弟舅亲侨批 / 13
1-15　1907年实叨吴寄饶邑（饶平）大柘林乡母亲侨批 / 14
1-16　1905年叨张逊吾寄安南（越南）宅郡捷谦信件 / 15
1-17　1907年叨振隆内寄越南张捷谦信件 / 15
1-18　1907年叨张瑞谦寄海邑西洋乡母亲侨批 / 16
1-19　清末叨薛谭初寄海邑西洋乡张捷谦少爷侨批 / 16
1-20　1911年叨张鸿谦寄海邑诗阳乡张捷谦舍侨批 / 17
1-21　1911年越南薛愈喜寄海邑西洋乡张捷谦老爹侨批 / 17

1-22　1907年叻陈通周寄隆都店仔头陈绍添侨批／18

1-23　1909年叻陈通周寄隆都店仔头陈绍添侨批／18

1-24　1912年叻陈通周寄隆都店仔头妻谢氏侨批／19

1-25　1912年叻陈通周寄隆都店仔头妻谢氏侨批／19

1-26　1911年越［马来西亚沙捞越］郭恭泰寄海邑大黄坑乡家母侨批／20

1-27　1913年呷坡［马来西亚马六甲］林荣泉寄海邑古楼乡母亲侨批／21

1-28　1915年暹罗林椿来寄前陇（今澄海隆都前陇村）母亲侨批／22

1-29　1917年叻林声茂寄潮安老叔侨批／22

1-30　1921年叻林永金寄潮安宗兄林有若侨批／23

1-31　1918年实叻林朝镇寄海邑古楼乡母亲侨批／24

1-32　1919年暹林财福寄澄邑南砂乡母亲侨批／24

1-33　1919年叻陈娘士寄澄邑大芽乡蔡芝钿先生侨批／25

1-34　1920年廊礁［马来西亚廊礁］许亚水寄普邑（普宁）北山军埤寨母亲侨批／25

1-35　1921年暹丁炳南寄海邑鹤塘秋溪乡姻兄陈昌员侨批／26

1-36　20世纪20年代初期暹林财福寄澄邑南砂乡林宅母亲侨批／26

1-37　1922年槟城［马来西亚］许智砂寄普邑北山乡双亲侨批／27

1-38　1919年泰国许明正寄普邑（普宁）北山母亲陈氏的侨批与回批／28

1-39　1920年许明正寄普邑北山乡母亲陈氏的侨批与回批／29

1-40　1923年越［马来西亚沙捞越］陈玉香寄澄邑程洋岗母亲侨批／30

1-41　1924年暹知敬寄揭邑（揭阳）西门外双亲侨批／31

1-42　1924年暹知敬寄揭邑西门外双亲侨批／31

1-43　1926年暹汪隐光寄揭邑九斗埔儿子汪喜敬侨批／32

1-44　1927年暹汪隐光寄揭邑九斗埔儿子汪喜敬侨批／32

1-45　1927年许清葵自泰国寄饶邑隆都樟藉乡许再胜的侨批与回批／33

1-46　1929年加影［马来亚］林盛标寄叻十八间后林序周侨信／34

1-47　1930年北干［马来西亚北干］陈义芝寄潮安东凤乡陈赞堂先生侨批／35

1-48　1931年暹林财福寄澄邑南砂乡母亲侨批／35

1-49　1932年呷［马来西亚马六甲］林荣泉寄潮安古楼乡母亲的侨批与回批／36

1-50　1932年林荣泉自新加坡寄潮安古楼乡母亲的侨批与回批／37

1-51　1932年加影林盛标寄叻十八间后林序周侨信／38

1-52　20世纪30年代潮安江东岳丈寄泰国女婿刘呜桐回批／39

1-53　20世纪30年代许元升寄叻许美馥回批／39

1-54	20世纪30年代澄海南洋（莲阳）王□辉寄安南金边王生兴回批 / 40	
1-55	20世纪30年代澄海莲阳王和昌寄安南金塔王功名先生回批 / 40	
1-56	1935年潮安金厝洲李寄越南李宝汉回批 / 41	
1-57	1936年暹吴泰安信局开给郑钦桂的票根及回批 / 41	
1-58	1936年暹郑钦桂寄揭邑桃都双亲的侨批、回批以及吴泰安信局票根 / 42	
1-59	1936年金塔［柬埔寨金边］杨泰合寄揭邑梅都福洋乡母亲侨批 / 43	
1-60	1937年越［越南］陈坚寄饶平凤皇洪二祖婶侨批 / 44	
1-61	1938年暹陈英达寄汕头潮安县第四区陈熹和号侨信 / 44	
1-62	1939年挽乱［老挝］锡桐寄潮安第四区陈宅双亲侨批 / 45	
1-63	1938年南［越南］钟松杈寄潮安河内母亲侨批 / 45	
1-64	1940年叻郑若灿寄潮安礼阳乡祖母侨批 / 46	
1-65	1941年芙蓉［马来西亚］沈茂爵寄潮安华美乡沈文青侨批 / 46	
1-66	1940年暹京［泰国曼谷］蔡清光寄揭邑地都双亲汇票 / 47	
1-67	1940年巨港［印度尼西亚］陈松溪寄潮安南桂鳌头乡陈静香侨批 / 47	
1-68	1940年叻谢令副寄澄邑外砂乡谢为得侄儿侨批 / 48	
1-69	1941年叻陈顺德寄潮安江东张文长先生侨批 / 48	
1-70	1940年越宅郡刘金寄汕头澄海刘嘉河先生侨批 / 49	
1-71	1941年越南刘卿寄汕头澄海刘嘉河先生侨批 / 49	
1-72	1941年堤岸［越南］刘卿寄汕头澄海刘嘉河先生侨批 / 50	
1-73	1941年占边［印度尼西亚占碑］丁亚南寄潮安仙田社光洋乡妻刘氏侨批 / 50	
1-74	1941年占碑舒亚九寄潮安登隆都塘东乡儿子舒秋明侨批 / 51	
1-75	1941年山打根［马来西亚］曾得昌寄潮安大和都西郊乡洪惜音女士侨批 / 51	
1-76	抗战时期曾德昌寄潮安大和都洪惜音岳母侨批 / 52	
1-77	1941年澄海图豪婶寄泰京曾大专回批 / 53	
1-78	1939年潮安鹳巢后巷社寄暹儿子李锦荣回批 / 53	
1-79	1941年潮安鹳巢乡双亲寄泰国儿子李锦荣回批 / 54	
1-80	1941年潮安鹳巢乡双亲寄暹罗儿子李锦荣回批 / 54	
1-81	1942年泰京洪文豪寄澄邑上都东林头乡双亲侨批 / 55	
1-82	1943年泰国陈锡炎寄潮安南桂都陈绍权侨批 / 55	
1-83	1946年星洲［新加坡］林思曾寄澄海程洋冈林思敬先生侨批 / 56	
1-84	1947年叻刘四峇寄潮安登隆都云路塘东乡刘捷镇侨批 / 58	

1-85　1947年新加坡裕生汇兑信局开给郑续举票根及伟川寄郑续举回批／58

1-86　1948年叻陈成有寄饶隆都宅头乡陈楚钦侨批及回批／59

1-87　1948年暹刘泽深寄澄邑上区图濠乡曾盖藩先生侨批／60

1-88　1949年暹罗陈英厚寄潮安秋水乡黄锦河侨批／61

1-89　1949年暹李楚歆寄澄邑莲阳母亲侨批／62

1-90　1949年陈炳极寄海东凤二房母侨批通知书／62

1-91　1953年新加坡姚海通寄汕头潮安南桂姚广通侨批／63

1-92　1953年叻刘洽镇寄潮安登隆都塘东乡妻许氏侨批、内信及侨批通知书／64

1-93　1954年新加坡陈汝杰寄潮安金砂儿子陈在乐暗批／66

1-94　1951—1955年沙捞越［马来西亚］林升荣寄潮安古楼乡林泽辉侨批／67

1-95　1953年暹罗张高芝寄揭邑西门外张宅母亲侨批／68

1-96　1955年叻陈英达寄潮安第四区儿子陈卓彦侨批／69

1-97　1957年李再木寄潮安鹳巢乡李再赐胞兄的侨批、侨批通知书及催批单／70

1-98　1957年暹京陈荣成寄澄海西埭头乡儿子陈亚扁侨批／71

1-99　"文革"时期沈坤顺寄潮安鳌头沈茂娟侨批通知书（带毛主席语录）／72

第二章

引言／75

2-1　1919年暹李杨兴寄海邑吉水李宅双亲侨批／78

2-2　20世纪20年代暹陈来镇寄潮安秋溪陈宅母亲侨批／78

2-3　1929年暹林圣源寄澄海南砂乡父亲侨批／79

2-4　1930年暹陈邓旭寄海邑东凤乡儿子陈德煐侨批／79

2-5　1935年以前暹京郑成顺利振记信局给单／80

2-6　1931年叻蔡寿育寄潮安大和都西郊乡外甥洪应惜侨批／80

2-7　1930年暹陈大煌寄汕头市福安横街母亲侨批／81

2-8　1931年叻蔡寿育寄潮安大和都西郊乡外甥女洪应惜侨批／81

2-9　1930年暹曾克龙寄振盛兴信局口信／82

2-10　1934年暹郑成顺利振记票根／82

2-11　1935年澄海黄母寄泰国黄锡恩回批／83

2-12　1935年暹［曼谷］常丰泰信局票根／83

2-13　1933年新加坡郭克正寄潮安凤廊新乡郭才和先生侨批／84

2-14　1934年暹许松潮寄饶平隆都母亲侨批／85

2-15　1935年潮汕佘厝洲母寄安南李宝汉回批／86

2-16	1936年叻舅谢财木寄潮安大和都西郊乡洪惜音甥儿侨批／86
2-17	1937年叻郑流鸿寄潮安南桂郑记逢先生侨批／87
2-18	1939年潮安鹤巢乡后巷社双亲寄泰国李锦荣回批／87
2-19	1937年潮安鹤塘乡巷头社儿光裕寄泰国父亲陈运昇回批／88
2-20	1941年潮安鹤塘乡儿光裕寄泰国父亲陈运昇回批／89
2-21	1938年暹京许明发信局票根／90
2-22	1939年万兴昌口信／90
2-23	1939年叻许美馥寄潮安西洋乡张运俊先生侨批／91
2-24	1939年暹京许明发信局票根／91
2-25	1939年泰国吴合聚寄澄海樟林吴锦茂侄妇侨批／92
2-26	1940年新加坡真义公司汇票／92
2-27	1940年占边〔印度尼西亚占碑〕丁亚南寄潮安仙田妻子刘氏侨批／93
2-28	1941年新加坡郑万道寄潮安五区双亲侨批／94
2-29	1941年泰国许泽溥寄澄海冠山乡母亲侨批／94
2-30	1941年泰国许泽溥寄澄海冠山乡母亲侨批／95
2-31	1941年泰国兆杰寄潮安江东张宅双亲侨批／95
2-32	1941年叻郑木绵寄潮安南桂鲲江乡母亲侨批／96
2-33	1941年叻杨森泉寄潮安南桂都鳌头乡陈绿色侨批／96
2-34	1941年暹永振发银信局票根／97
2-35	1941年泰国潘庆泰寄本（隆都）福洋乡妻许氏侨批／97
2-36	20世纪40年代泰国陈慈钱寄本都（隆都）后埔乡陈坤海先生侨批／98
2-37	1942年泰国黄喜龙寄潮安登隆双亲侨批／99
2-38	1942年泰国许炳娥寄饶平隆都慈亲侨批／99
2-39	1944年香港奎为寄潮汕母亲批信／100
2-40	1945年叻方源德寄潮安登云都仙庭乡母亲侨批／101
2-41	1945年泰国郑□昌寄潮安南桂都鲲江乡母亲侨批／102
2-42	20世纪40年代后期潮安大和都王飞泰寄新加坡儿子王希添回批／103
2-43	20世纪40年代后期隆都宅头村楚钦寄新加坡父亲陈成有回批／104
2-44	1946年澄海隆都前溪乡姑母寄新加坡孙儿林思曾回批／105
2-45	1946年暹京锦城寄潮安南桂横杪乡肖烈照侨批／106
2-46	1946年廷忠寄汕头协成兴批局转泰国张高芝回批／106
2-47	1947年叻刘四峇寄潮安登隆都云路塘东乡刘捷镇侨批／107
2-48	1947年暹京刘莲娇寄海邑潮安江东都上龙口乡刘宅母亲侨批／107

2-49	20世纪40年代后期澄海陈荣明寄新嘉坡林思曾孙儿回批／108
2-50	20世纪40年代后期陈荣明寄新加坡林思曾回批／108
2-51	1947年新加坡郑亚耳寄澄邑樟林余木林侨批／109
2-52	1947年暹国李龙海寄潮安归湖西峰乡李宅母亲侨批／109
2-53	1948年叻陈亦英寄潮安城内县立第一初级中学陈贤时侨批／110
2-54	1948年新加坡鸿生庄汇兑信局票根／111
2-55	1948年暹陈立裕寄澄海岛门乡陈宅母亲侨批／111
2-56	1948年暹罗陈进权寄潮安官塘儿子陈美孝侨批／112
2-57	1948年暹京谢锡泉寄海邑井美谢宅母亲侨批／112
2-58	1948年暹京林玩真寄澄海樟林乡黄凤阳先生侨批／113
2-59	1948年爪哇［印度尼西亚］李芝敏寄澄海莲阳南洋上巷乡母亲侨信／113
2-60	1948年叻黄琴书寄澄海上外都凤岭乡母亲侨批／114
2-61	1949年叻庄利名寄潮安江东乡儿子庄贞高侨批／115
2-62	1948年新加坡张居来寄潮安南桂区诗阳乡儿子卓伟侨批／116
2-63	1949年新加坡张居来寄潮安南桂区诗阳乡儿子卓伟侨批／116
2-64	1949年叻陈友升寄潮安鳌头洋东乡陈宏松侨批／117
2-65	1949年暹京林诚波寄澄海南湾乡林宅何氏二嫂侨批／118
2-66	1949年暹陈锐潮寄饶邑隆都陈宅妻侨批／118
2-67	1949年叻吴继照寄潮安彩塘母亲侨批／119
2-68	20世纪50年代占［印度尼西亚占碑］陈琢芝寄潮安南桂都鳌头乡陈桂林先生侨批／119
2-69	20世纪50年代潮汕孙莲心寄仰光坡［缅甸仰光市］詹希慈回批／120
2-70	1950年叻张居来寄潮安诗阳乡张卓伟侨批／121
2-71	1951年蔴［马来西亚蔴坡］陈杨松寄潮安南桂下鲲江乡张维昌侨批／121
2-72	1951年叻陈镇强寄潮安南桂母亲侨批／122
2-73	1951年暹罗许泽溥寄澄海冠山乡女儿许毓锦侨批／122
2-74	1951年潮汕张国乐寄马来西亚吉隆坡黄光等先生回批／123
2-75	1951年暹罗欧璘保寄澄海隆都母亲侨批／123
2-76	1951年暹林两恭寄澄邑上外都里美乡母亲侨批／124
2-77	1951年暹京丁陈氏寄潮安县城内丁炎权侨批／124
2-78	1952年泰国余锡科寄澄海莲阳祖母侨批／125
2-79	1952年香［香港］高德能寄澄海上华区横陇乡高永彭先生侨批／125
2-80	1952年叻陈锡渠寄潮安南桂区鳌头乡陈七弟侨批／126

2-81	1953年新加坡陈壁全寄潮安南桂儒士乡儿子陈楚能侨批 / 127	
2-82	1953年捷成侨汇批信局侨批通知书 / 127	
2-83	1953年新加坡陈英达寄潮安官塘陈卓彦侨信 / 128	
2-84	1953年洪万丰批局侨批通知书 / 128	
2-85	1954年新加坡陈寄潮安第四区官塘陈卓彦侨信 / 129	
2-86	1954年捷成侨汇批信局侨批通知书 / 130	
2-87	1954年越南黄宋彬寄澄海上外都母亲侨批通知书 / 130	
2-88	1954年叻刘洽镇寄潮安登隆乡慈亲侨批 / 131	
2-89	1954年泰国刘道楣寄澄海上中区山迹乡陈映怀先生侨批 / 131	
2-90	1955年印尼占碑蔡潮金寄潮安江东都上水头乡儿子蔡社谋侨批 / 132	
2-91	1956年香港吴仁周寄澄海樟林陈锦标先生侨批 / 132	
2-92	1955、1957、1958年叻郑奕江寄汕头市儿子郑万里侨批 / 133	
2-93	1956年新加坡洪树锦寄潮安江东都红砂乡妻子翁得心侨批 / 134	
2-94	1957年寮国［老挝］传合寄潮安韩溪黄锦河先生侨批 / 134	
2-95	1958年泰国悦德寄潮安五区林龙德侨批 / 135	
2-96	1964年叻吴鸿吉寄揭邑地都林吴信甥儿侨批 / 135	
2-97	1965年有信批局侨批通知书 / 136	
2-98	1968年柬埔寨许巧音寄潮安县江东都儿子庄泽聪侨批 / 137	
2-99	1969年外洋黄经福寄潮阳关埠黄炳辉侨批通知书 / 137	
2-100	1970年泰国杜洽勋寄澄海莲阳乡杜宅母亲侨批 / 137	
2-101	1970年外洋方思通寄普县城内方典胞侨批通知书 / 138	
2-102	1971年陈德礼寄潮安县鳌头乡郑惜春侨批 / 138	
2-103	1973年外洋黄汉武寄海县（潮安）江东区仙洲乡黄汉忠侨批通知书 / 139	
2-104	1973年外洋许旭升寄澄海隆都前浦乡许铭瑜侨批通知书 / 139	
2-105	1972年外洋郭先仪寄潮安庵埠郭陇乡慈亲侨批 / 140	
2-106	1972年外洋李烈香寄揭阳西外潭前蔡乡妹蔡荣莲侨批 / 140	
2-107	1973年陈德礼寄潮安县鳌头乡母亲郑惜春侨批 / 141	
2-108	1973年陈德礼寄潮安鳌头乡郑惜春侨批 / 141	
2-109	1973年陈德礼寄潮安县鳌头乡郑惜春侨批 / 142	
2-110	1973年陈德礼寄潮安县鳌头乡郑惜春侨批 / 142	
2-111	1980年泰国怡荣寄海邑（潮安）江东都井美乡儿女刘赤洋、刘又珍侨批 / 143	
2-112	1984年泰国刘照洲寄潮安邑磷溪乡儿子刘福裕侨批 / 143	

2-113　1982年外洋张梨娟寄潮安东凤张来炎胞兄侨批／144

2-114　1985年外洋郑秋明寄汕头市东凤乡母亲侨批／144

第三章

引言／147

3-1　20世纪20年代暹［泰国］林大牛寄饶平隆都前陇乡林宅母亲侨批／150

3-2　20世纪20年代泰国萧友寄澄海樟东张锦海侨批／150

3-3　20世纪20年代外洋寄普宁、澄海侨批／151

3-4　20世纪20年代泰国华侨寄潮安、饶邑侨批／152

3-5　20世纪30年代初印度尼西亚潘尹珊寄潮安金石西林潘乡小儿国奎侨批／153

3-6　20世纪30年代初印度尼西亚尹珊寄潮安金石西林潘乡潘庆奎长男侨批／153

3-7　20世纪30—40年代叻、泰国寄潮安、澄海侨批／154

3-8　20世纪30年代泰国寄澄海、饶平母亲侨批／155

3-9　1940年泰国华侨寄饶平隆都后溪乡祖母侨批／156

3-10　1930年新加坡福林寄潮安双亲批信／157

3-11　1937年新加坡寄潮汕母亲批信／158

3-12　1938年外洋树深寄潮汕三姆母批信／159

3-13　1938年泰国婶母寄潮汕侄儿阿锁批信／160

3-14　1938年外洋梅銮寄潮汕双亲批信／161

3-15　1939年外洋孝先寄潮汕姑母批信／162

3-16　1940年潮安鹤巢双亲寄泰国儿子李锦荣回批／163

3-17　1948年外洋孙汉来寄潮汕祖母批信／164

3-18　1948年新加坡许炳梅寄潮汕母亲批信／165

3-19　1948年外洋父亲寄潮汕儿子茂鉴批信／166

3-20　1949年外洋张文潮寄潮汕妻陈氏批信／167

3-21　20世纪40年代后期暹寄潮安、澄海侨批／168

3-22　20世纪40年代后期叻寄潮安侨批／169

3-23　1952年外洋克绍寄潮汕儿子玩兴收转妻李氏批信／171

3-24　20世纪50年代泰国英华寄潮汕爽真批信／172

3-25　20世纪50年代诗巫［马来西亚］郑庆通寄潮安南桂妻卓氏侨批／173

3-26　20世纪50年代泰国黄辅汉寄澄海云侨乡母亲侨批／174

3-27　1947—1954年吉隆坡、蔴坡〔马来西亚〕陈巧花等寄潮安侨信／175

3-28　1952—1958年叻吴玩炎寄潮安浮洋陈国阳侨批／176

3-29　20世纪50—60年代泰国李淑瑞等寄澄海侨批／177

3-30　1951年香港李寄澄海莲阳李芝胜侨信／178

3-31　20世纪60年代泰国张亚诏寄普宁泥沟来贤侨批／178

3-32　20世纪50-60年代印度尼西亚李寄澄海莲阳李绍澄侨信系列一／179

3-33　20世纪50—60年代印度尼西亚李寄澄海莲阳李绍澄侨信系列二／180

3-34　20世纪50—60年代吉隆〔马来亚吉隆坡〕陈记胜、蔡光流寄潮安、澄海侨批／181

3-35　20世纪60—70年代叻谢松仁等寄潮安侨批／182

3-36　20世纪60—70年代新加坡、泰国寄澄海樟林侨批／183

3-37　20世纪70—80年代叻寄潮安、揭阳侨批／184

3-38　20世纪70—80年代叻、蔴坡寄潮安侨批／185

3-39　20世纪70年代叻林祥吟等寄潮安侨批／186

3-40　20世纪60—70年代香港杨思海寄潮安县仙乐乡杨思承侨信／187

3-41　20世纪50—60年代洪万丰、悦记批局侨批通知书／188

3-42　20世纪50—60年代陈万合、洪万丰等侨批通知书／189

3-43　20世纪50—60年代捷成、有信等侨批通知书／190

3-44　20世纪50—60年代汕头昌盛、有信等侨批通知书／191

3-45　20世纪70年代汕头侨批服务社等分发的侨批通知书／192

3-46　1968—1969年香港南洋商业银行人民币侨汇证明书／193

3-47　20世纪70年代叻郑巧英等寄潮安东凤侨批／193

3-48　1969—1970年香港浙江兴业银行人民币汇款证明书／194

3-49　1971年批局催补回文通知单／194

3-50　1978年香港陈作顺寄潮安县鳌头乡胞弟陈作商侨批／195

3-51　1986年吉隆陈宝英寄潮安鳌头陈惟标侨批／195

3-52　2006、2007年外洋余婵娥寄潮州磷溪镇余坤明侨批／196

3-53　2009、2010年外洋陈秀枝寄潮安铁铺镇陈林雄侨批／197

第四章

引言／201

4-1　1942年许木海自泰京寄饶平隆都前埔乡许宅母亲侨批／204

4-2　1946年金有蟾自泰国寄饶平隆都口潘乡母亲侨批／204

4-3　20世纪40年代后期暹华侨寄潮安侨批／205

4-4　20世纪50年代郑泽彬自泰国寄潮安鲲江乡郑宅曾祖母侨批／206

4-5　20世纪50年代郑泽彬自泰国寄潮安鲲江郑宅曾祖母侨批／207

4-6　20世纪50年代张利发自泰国寄澄（饶）邑隆城乡儿子张鑫沛侨批／208

4-7　20世纪50年代自泰国寄汕头侨批／209

4-8　20世纪50年代自泰国寄汕头侨批／210

4-9　20世纪60—70年代杨振松自新加坡寄潮安鳌头乡母亲侨批／211

4-10　20世纪50—60年代自新加坡寄潮安侨批／212

4-11　20世纪60年代新加坡寄潮安侨批／213

4-12　20世纪50—60年代新加坡、泰国寄潮安侨批／214

4-13　20世纪60—70年代沈俊声自香港寄潮安鳌头乡蔡惟哲侨批／215

4-14　20世纪60—70年代马来西亚寄潮安龙湖刘绍光侨批／216

4-15　20世纪60—80年代黄益鹏自泰国寄澄邑侨批／217

4-16　20世纪70年代林德喜自泰国寄揭邑侨批／218

4-17　20世纪70年代外洋林燕招寄揭西侨批／219

4-18　20世纪70年代泰京林乐昌等寄揭邑侨批／220

4-19　20世纪70年代潘毓海自泰国寄澄海东陇弟潘木潮侨批／221

4-20　20世纪70年代外洋寄澄海邑侨批／222

4-21　20世纪70年代外洋许蝉枝寄潮安官塘陈英强侨批／223

4-22　20世纪80年代陈容真自印度尼西亚寄潮安陈楚文侨批／224

4-23　1988年施妙音自新加坡寄潮安万里桥杨珊瑚侨批及侨汇证明书／225

4-24　1987、1990年林松正自外洋寄澄海上华侄子林迪勤侨批／226

4-25　1994年许延金自泰国托水客带至汕头延寿直街黄宇义侨批／227

4-26　20世纪60—80年代人民币汇款证明书／228

4-27　20世纪60—80年代侨汇证明书与信汇便条／229

4-28　20世纪50—70年代华侨自柬埔寨、越南、马来西亚寄潮汕侨信／230

4-29　20世纪60—80年代华侨自香港寄澄海、潮安侨信／231

4-30　20世纪60—90年代华侨自印度尼西亚寄潮安侨信／232

4-31　20世纪60—90年代华侨自新加坡寄潮安侨信／233

4-32　20世纪70—90年代华侨自新加坡寄潮安侨信／234

4-33　20世纪80—90年代华侨自泰国寄潮安侨信／235

附 录

引言 / 239

1 1897 年法属印度支那移民局发给华侨陈泉的入口护照 / 240
2 民国初期海外华侨相片 / 241
3 1930 年东南亚"封信船期"广告表 / 242
4 1930 年马来亚"芙蓉埠华生旅店"发单（右）；1931 年马来亚"怡保中央高等旅店"单（左）/ 243
5 20 世纪 30 年代"汕头张南发庄"货币行情表 / 243
6 1931 年实朥华兴信局批单 / 244
7 1931 年法属印度支那移民局发给华侨黄森的出境证 / 245
8 20 世纪 30 年代马来亚"麻坡三益金铺汇兑银两"单 / 246
9 1937 年泰国华侨工作证 / 247
10 1940 年国民政府外交部发给华侨陈长芳护照 / 248
11 20 世纪 30 年代泰国华侨黄光裕的外侨证 / 249
12 1940 年海峡殖民地（政府）签发的登岸准证 / 250
13 1941 年香港（政府）签发给华侨陈得鹏的入境许可证 / 251
14 1945 年南洋华侨互助社社员证书 / 251
15 1946 年法属印度支那签发的出境许可证 / 252
16 1947 年新加坡签发的华侨入境执照 / 253
17 1947 年泰国华侨居留证 / 254
18 1948 年中华民国陈春城侨民登记证及登记收条 / 255
19 1948 年新加坡裕成利批底 / 256
20 1948 年华侨回国证明书 / 256
21 1950 年泰国华侨纳税收据 / 257
22 1952 年马来西亚华侨刘汉德入境执照 / 258
23 1954 年汕头南和兴旅店船期表 / 259
24 1956 年汕头服务业旅栈组通知书 / 259
25 1958 年华侨、侨眷、一般人民出国申请表 / 260
26 1958 年澄海县商业局华侨特种布糖肉供应证 / 260
27 20 世纪 60 年代麻坡华侨寄潮安仁里乡陈启盛物品通知单 / 261
28 1965 年柬埔寨华侨寄潮安邮包 / 261
29 1965 年侨汇物资供应证票领出凭单 / 262

30　20世纪60年代水客银货单 / 263
31　20世纪60年代水客叶喜存苏清晖带货单 / 263
32　1964年汕头海关物品税款缴纳证 / 264
33　1956年和1970年汕头海关扣留物品凭单 / 265
34　20世纪70年代汕头海关物品税款缴纳证 / 265
35　1976年购买侨汇物资申请表 / 266
36　20世纪70年代汕头侨批服务社送批簿 / 267
37　1975年侨批员解付侨汇清单 / 268
38　20世纪70年代，马来西亚槟城寄汕头侨批服务社的侨批总包 / 269
39　20世纪60年代澄海、潮安、饶平的华侨特种商品供应证 / 270
40　1965年广东省华侨特种商品供应证 / 271
41　1966年广东省侨汇商品供应证 / 272
42　20世纪70—80年代广东省侨汇商品供应证 / 273
43　20世纪90年代广东省侨汇商品供应证 / 274
44　如意章 / 275
45　吉祥章 / 276
46　书柬章 / 277
47　护封章 / 278
48　经营章 / 279

侨批档案解读对照表 / 280
　　一、苏州码（花码、商码、番仔码、猪屎码）与阿拉伯数字对照表 / 280
　　二、侨批档案常见农历月份别称对照表 / 281
　　三、近现代公元纪年与年号、干支纪年对照表 / 282

参考文献 / 284

后　　记 / 286

僑批檔案圖鑒

第一章

引　言

　　本章收录的自清光绪八年（1882）至20世纪60年代的128件较为稀少、并有一定代表性的批信，以时间先后顺序分为三个时期，即银圆时期（1882—1935年10月）；国币、金圆券时期（1935年11月—1949年9月）和新中国成立后的港币折南方券、人民币时期（1949年10月—20世纪60年代）。每件批信均提取其承载的基本信息，如寄批地、寄批人、收批地、收批人及批局印章、邮政戳记、宣传口号、纪年等，并逐一或逐组评析。

　　在银圆时期的侨批中，选录了晚清的"红条封"、"折叠封"、"水客批"、侨批通知书等较有特色的侨批，其价值主要体现在"早期"和"稀少"，也就是说距今年代越久远的侨批越罕见，价值越高。那么，该如何鉴别一件侨批是否是早期的？早期侨批又具备哪些特征呢？首先，早期侨批必须是银圆时期的"红条封"或"折叠封"，但并非所有的"红条封"或"折叠封"都是早期的，还要根据其纪年、币种、印章、戳记、形制、颜色、广告、称呼、地名、水客手记、批局或银行名称等历史信息来鉴定侨批年代的佐证和依据。

　　1935年11月4日，国民政府实行法币政策，禁止银圆流通，发行国币，规定以中央银行、中国银行、交通银行和后来增加的中国农民银行所发行的纸币为法定货币，也称国币。国币发行初期，未见在潮汕流通，这一时期从侨批封上可见"订交广东法币""广东省币""广东纸币"的文字提示，即批款分发"大洋券"。大洋券是广东省银行发行的纸币，俗称青纸。1935年11月6日，广东省财政厅颁布《管理货币办法》，禁止民间使用银圆，规定以广东省银行发行的大洋券、银毫券及广州市立银行发行的纸币作为广东法定货币，抵制中央政府发行的"四大银行"纸币进入广东。大洋券初期在潮汕流通，享有较高的信用，商民以为这是一种值得信赖的纸币，加上当局禁止银圆流通并高价回收，民众争先恐后将银圆兑换成大洋券。批款中出现大洋券的时间较短，约为1936年至1937年上半年之间。1936年7月，广东还政中央，国币逐渐见于批款支付中。侨批上可见盖有"订交中央法币""订交中央纸币""订交国币"的红色文字。侨批自此进入分发国币时期。该时期在侨批中出现了国币、储备券（日伪在沦陷区发行并强制流通的货币）、金圆券等与银圆时期各不相同的货币名称，这些货币中的国币和储备券，在潮汕沦陷期间扮演了各自的角色，承载了不同的故事。抗战期间，日伪政权为了掠夺外汇，在沦陷区发行储备券，但当时国统区仍然流通国币，因此，分发国币的侨批往往可见盖有"批捐"或有关批捐信息的印记。分发储备券的侨批时常加盖或书写"新币""储券""储备券"，或加盖"侨委会驻汕处，和平区，准许分发侨批"和"外交部侨务局驻汕办事处，和平区，准许分发侨批"的醒目印记，这些"印记"就是构成侨批历史价值的依据。1941年12月太平洋战争爆发前，为避开日军的封锁和检查，批局、银行、邮政等相互协作，收寄批信，从东南亚绕道香港中转，再经香港海运至隔河相望的广东深圳，转寄潮汕。在递寄的过程中，常常留下各自作业的痕迹，这些痕迹正是衡量一件侨批档次高低、稀少与否的关键因素。

新中国成立后，批信上的货币也发生了变化。港币、南方券、人民币的货币名称相继出现，侨批进入寄港币折算南方券、人民币的时期。20世纪50年代，东南亚各国严格限制华侨汇款，这一时期寄批，必须遵守侨居国的规定，不能超额寄批，批款超过规定的，只能以"暗批"操作。暗批有其特色，即以邮票遮盖封面批款，交邮政盖销，以平信寄递，规避当局检查。从收集到的侨批中，有新加坡暗批和马来西亚沙捞越暗批。沙捞越暗批相对于新加坡暗批稍为多见，但品相完好、印记清晰的沙捞越暗批则少之又少。在同一时期值得一提的批信中，侨批"夹寄"可说是一个典型的例子。海外华侨为了照顾故乡亲人，除了通过正规渠道寄给钱物外，有的贪图方便，还在批信中夹寄外币、药片、参片等小件物品，这是邮政部门明文禁止的行为，因此，盖有汕头"拆验查讫"印记的，就是"夹寄"被查的产物。而20世纪60年代，也出现稀见侨批，那就是汕头悦记侨汇庄分发的长方形毛主席语录侨批通知书，该通知书相对于早期侨批，价值虽不能同日而语，但各有特点，各有所用。

综上所述，从本章中可以看到银圆时期侨批承载的相同与不同的历史信息；所谓相同，就是这一时期的侨批同为分发银圆；所谓不同，即为批与批之间的印章、戳记各有不同，各有特色。随着时间的推移，侨批纪年除了干支外，还有销票戳、落地戳、中转戳等，这些历史印迹，为侨批烙下了永恒的记忆。而国币时期的侨批更是毫不逊色。处于战乱中的侨批，当然有诸多辗转曲折的故事和佐证邮路的戳记，鉴别一件侨批珍罕与否，正是以这一个个故事、一枚枚与众不同的戳记作为条件的。抗战胜利后，通货膨胀日益严重，单件批款动辄几百万、几千万甚至上亿，但寄再多的国币也形同废纸。当局出台金圆券、银圆券也挽救不了金融崩溃的局势。新中国成立后的侨批，同样也承载了时代背景、反映了时代特色。"暗批""夹寄""戊"字戳、"毛主席语录侨批通知书"等就是这一时期侨批中出类拔萃的珍贵文献。

1-1 1882年实叻［新加坡］林克钟寄海邑（今潮安）古楼乡林荣科侨批

该批封背写批日期为"壬八月初五日"。根据同户同期侨批（参见图1-1至图1-9），可推断该批的时间为清光绪八年壬午八月初五日（1882年9月16日）。

保藏参考指数 ☆☆☆☆☆☆☆☆

1-2 1883年实叻林克祯寄海邑古楼乡林荣科侨批

该批的封面与封背均盖有"实叻南利隆收批"的批局章，根据写批日期"癸元月十一日"，推断该批的时间为清光绪九年癸未元月十一日（1883年2月18日）。

保藏参考指数 ☆☆☆☆☆☆☆☆

1-3　1885年古楼乡宫后陈氏寄实叻丈夫林克钟回批

根据封背的写批日期"甲拾二月念（廿）十日"，推断该回批的时间为清光绪十年甲申十二月廿日（1885年2月4日）。

保藏参考指数 ☆☆☆☆☆☆☆☆

1-4　1885年古楼乡宫后荣科寄实叻父亲林克钟回批

根据封背的写批日期"乙元月初六日"，推断该回批的时间为清光绪十一年乙酉元月初六日（1885年2月20日）。

保藏参考指数 ☆☆☆☆☆☆☆☆

1-5 1885年叻林克祯寄海邑妻陈氏侨信

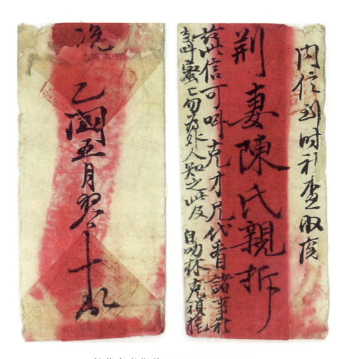

保藏参考指数☆☆☆☆☆☆☆

根据封背写批日期"乙闰五月初八日",推断该批的时间为清光绪十一年乙酉闰五月初八日(1885年6月20日)。

1-6 1886年古楼乡陈氏寄实叻丈夫林克贞回批

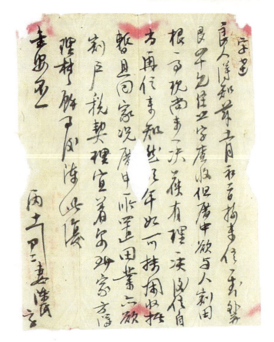

保藏参考指数 ☆☆☆☆☆☆☆

该回批封面盖有红字篆书"万里如晤"的问候语。根据写批日期"丙十一月初二",推断该回批的时间为清光绪十二年丙戌十一月初二日(1886年12月26日)。

1-7　1887年叻黄荣□寄古楼乡林钟兄侨批

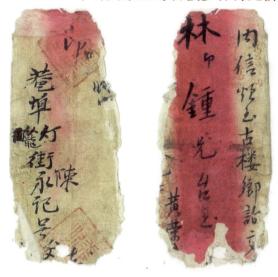
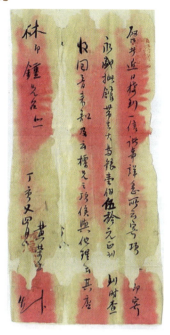

保藏参考指数☆☆☆☆☆☆

根据写批日期"丁亥又（闰）四月十日"，该批的时间为清光绪十三年丁亥闰四月初十日（1887年6月14日）。

1-8　1888年叻林克钟寄海邑古楼乡林荣科侨批

保藏参考指数☆☆☆☆☆☆

该批封背骑缝处除了盖有"护封"和"如意"的私章外，根据写批日期明确"戊子六月十七日"，即清光绪十四年戊子六月十七日（1888年7月25日）。

1-9 1892年仙那港［马来西亚］林荣科寄海邑母亲侨批

根据写批日期"壬菊月（农历九月）初四日"，推断该批的时间为清光绪十八年壬辰九月初四日（1892年10月24日）。

图1-1至图1-9是清光绪年间的同户侨批与回批。鉴别早期的侨批，除了批信的干支纪年外，其货币、印章、戳记、纸质、形制、颜色、广告、称呼、地名、水客手记、批局名称等批信显示的历史信息，皆作为鉴别侨批年代的佐证和依据。图1-1至图1-9侨批与回批中，有两件干支纪年齐

保藏参考指数☆☆☆☆☆☆☆

全，为这9件侨批和回批提供了直接证据，对鉴别其年代起到了至关重要的作用。如图1-7，该侨批纪年"丁亥（又）四月十日"，按60年一个甲子推算，可供查阅的100多年期间存世的侨批中，"丁亥"纪年可以有三个寄批时间，即道光七年，岁丁亥（1827）；光绪十三年，岁丁亥（1887）；民国三十六年，岁丁亥（1947）。结合这件侨批的其他信息，分析判断，前后两个时间明显不符合事实，只有中间的1887年才是准确的寄批时间。又如图1-1，按中国传统纪年"十天干"和"十二地支"依次相配，每十年出现一个相同天干。因此，该批有可能出现三个寄批时间，即壬申年（1872）；壬午年（1882）；壬辰年（1892）。以图1-7"丁亥年"（1887）干支齐全的同户侨批为依据，结合本户同时期侨批为佐证，推断为1882年是有说服力的。这是目前侨批档案发现的最早期同户侨批和回批，极为罕见。

1-10 1906年暹罗［泰国］林牛寄饶邑隆都（今澄海隆都）母亲侨批

该批左边骑缝印有"票记为据，两相存照"的两边各半议约，并加盖有"莲阳和合兴分发"的批局章。根据写批日期"乙年十二月初九日"，推断该批的时间为清光绪卅一年乙巳十二月初九日（1906年1月3日）。

保藏参考指数☆☆☆☆☆☆☆

保藏参考指数☆☆☆☆☆☆☆

1-11 1906年暹罗林特仪寄饶邑隆都坤焕侨批

该侨批与图1-10一样，左边骑缝印有"票记为据，两边存照"的两边各半议约，并加盖"莲阳和合兴"分发的批局章。根据写批日期"乙年十二月初九日"。推断该批的时间为清光绪卅一年乙巳十二月初九日（1906年1月3日）。

1-12 1906年暹罗林大牛寄饶邑隆都母亲侨批

该批也是由"莲阳和合兴"分发的,右边骑缝也印有"票记为据,两相存照"的两边各半议约。根据写批日期"丙九月十三日"。推断该批的时间为清光绪卅三年丙午九月十三日(1906年10月9日)。

图1-10至图1-12侨批,皆为"莲阳和合兴"分发,"和合兴"是泰国"和合兴批信局"在澄海莲阳设立的本号批局。1887年开业,在泰京(曼谷)收批,由水客专带批款回家乡交本号分送,于1911年停业。如图1-12,该侨批纪年为"丙九月十三日",丙(丙午),1906年,为何纪年只写"丙"字就知道是"丙午"呢?原因就是侨批上加盖的"和合兴"批局印章。据资料记载,该批信局于1887年开业,于1911年停业。因此,该侨批同样存在三个寄批时间,按照干支纪年法推算,即:光绪二十二年,岁丙申(1896);光绪三十二年,岁丙午(1906);民国五年,岁丙辰(1916)。本着实事求是、严谨考究的态度,结合该批及同户侨批相印证,这件侨批的寄批时间趋于"和合兴"停业前所收寄的更符合实际,因此,推断该侨批寄于1906年是靠谱的。

保藏参考指数☆☆☆☆☆☆☆

1-13 1907年叻陈崇盛寄澄邑（澄海）大牙乡蔡奈弟舅亲侨批

该批封面盖有"实叻曾广源号，本局自壬辰年（1892）概分光板龙银，谨启"。根据写批日期"丁二月念（廿）八日"，推断该批时间为清光绪卅三年丁未二月廿八日（1907年4月10日）。

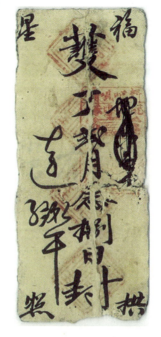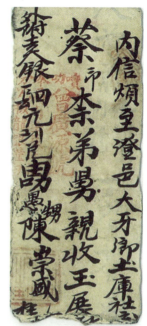

保藏参考指数☆☆☆☆☆☆☆

1-14 1908年叻陈崇盛寄澄邑大牙乡蔡奈弟舅亲侨批

该批封背盖有"新吧虱，荣美栈信局"的红色长方形批局章，根据写批日期"戊七月初三日"，推断该批的时间为清光绪卅四年戊申七月初三日（1908年7月30日）。

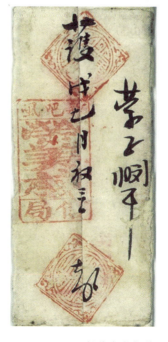

保藏参考指数☆☆☆☆☆☆☆

图 1-13、图 1-14 是新加坡陈崇盛寄澄海蔡奈弟舅亲侨批。图 1-13 在书写的"大银四元"下注明是"七二兑"的,也就是所寄的批银是七钱二分的足秤银圆,这与"曾广源批局"宣传的"分发光板龙银"有直接关系。"光板龙银"是指龙银表面光洁,没有凿痕及磨损的足秤龙银,华侨寄批时,虽听信批局,但还是在封面写清楚,以提醒收银人。图 1-14 封背盖的"荣美栈信局"的批局章,在晚清时期的多件侨批上均有发现,但目前还查不到该批局早期的具体信息,唯一知道的是,该批局收寄的侨批与"曾广源"收寄的侨批同样稀少。

1-15　1907 年实叻吴寄饶邑（饶平）大柘林乡母亲侨批

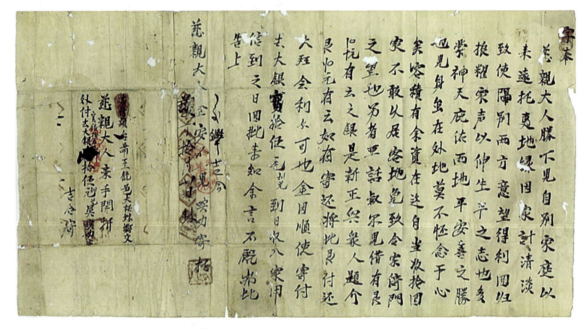

保藏参考指数 ☆☆☆☆☆☆☆

该批封面盖有"荣美栈,专用发批,余事不准"的红色批局章。根据写批日期"丁十月廿日",推断该批时间为清光绪卅三年丁未十月廿日（1907 年 11 月 25 日）。该批是一纸折叠式的侨批,与图 1-14 侨批一样,也是经"荣美栈"批局收寄的,而且也写明所寄的大银是"七二兑"的足秤银圆。

1-16　1905年叻张逊吾寄安南（越南）宅郡捷谦信件

保藏参考指数 ☆☆☆☆☆☆

封面盖有1905年2月11日的新加坡邮政日戳，由新加坡寄往越南，盖有1905年2月17日的越南落地戳。

1-17　1907年叻振隆内寄越南张捷谦信件

保藏参考指数 ☆☆☆☆☆☆

信封背面写批日期为"丁未八月初六日"，即清光绪卅三年丁未八月初六日（1907年9月13日）。

1–18 1907年叻张瑞谦寄海邑西洋乡母亲侨批

封背与图1–14、图1–15的侨批一样，也盖有"荣美信局"的批局章，只是寄自不同侨属而已。其印章内容各有不同，本件侨批的印章是"十八间荣美信局"。根据封背写批日期"丁十月初二日"，推断该批的时间为清光绪卅三年丁未十月初二日（1907年11月7日）。

保藏参考指数 ☆☆☆☆☆☆☆

1–19 清末叻薛谭初寄海邑西洋乡张捷谦少爷侨批

封面盖有"实叻曾广源号，本局自壬辰年（1892）概分光板龙银，谨启"的批局宣传章，封背仅见"守口"二字及该批编号，写批日期缺略，但以同户侨批相互佐证，推断该批的时间为清末时期的侨批。

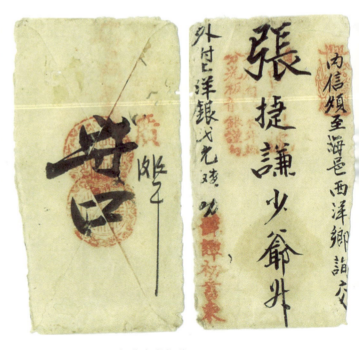

保藏参考指数 ☆☆☆☆☆☆☆

1-20 1911年叻张鸿谦寄海邑诗阳乡张捷谦舍侨批

封面与图1-13、图1-19的侨批一样，均盖有"实叻曾广源号，本局自壬辰年（1892）概分光板龙银，谨启"。封背写批日期为"辛亥年十月廿三日"，即清宣统三年辛亥十月廿三日（1911年11月28日）。

保藏参考指数☆☆☆☆☆☆☆

1-21 1911年越南薛愈喜寄海邑西洋乡张捷谦老爹侨批

根据封背写批日期"辛九月廿六日"，推断该批的时间为清宣统三年辛亥九月廿六日（1911年11月16日）。

图1-16至图1-21是清末时期旅外华侨在外洋互寄的信件及寄至故乡海邑（今潮安）的同户侨批。这六件书信和侨批，有三件纪年明确，余三件虽时间缺略，但从其承载的历史信息及同户侨批相互佐证，可推断为清末时期的侨批，而"少爷""老爹"等称呼目前仅见于清末的个别侨批中。

保藏参考指数☆☆☆☆☆☆☆

1-22　1907年叻陈通周寄隆都店仔头陈绍添侨批

该批封背盖有"新加坡，致成栈，专理收批，余事不用"的红色批局章。根据写批日期"丁十月廿二日"，推断该批的时间为清光绪卅三年丁未十月廿二日（1907年11月27日）。

保藏参考指数☆☆☆☆☆☆

1-23　1909年叻陈通周寄隆都店仔头陈绍添侨批

该批封背盖有"实叻曾润元信局"的红色椭圆批局章。根据写批日期"己二月初三日"，推断该批的时间为清宣统元年己酉二月初三日（1909年2月22日）。

保藏参考指数☆☆☆☆☆☆

1-24 1912年叻陈通周寄隆都店仔头妻谢氏侨批

封背盖有写批人"护封"的私章，但未见批局任何痕迹。根据写批日期"辛十二月十二日"，推断该批的时间为辛亥年，宣统三年（1911）。辛亥年十二月十二日对照公元纪年是1912年（即民国元年）1月30日，该批的寄批时间使之成为跨越朝代的历史文献。

保藏参考指数☆☆☆☆☆☆

1-25 1912年叻陈通周寄隆都店仔头妻谢氏侨批

该批与图1-24一样，没有批局印记，是否是水客带批，不得而知。写批日期："壬子八月十三日"，即民国元年（1912年）壬子八月十三日。

图1-22至图1-25是新加坡陈通周于清末民初寄隆都的侨批。其所用的批局印章如"致成栈批信局""实叻曾润元信局"均为早期的批局。图1-25干支纪年齐全，时间明确，为同户侨批提供了年代依据，是较为稀少的清末民初侨批。

保藏参考指数☆☆☆☆☆☆

1-26 1911年越［马来西亚沙捞越］郭恭泰寄海邑大黄坑乡家母侨批

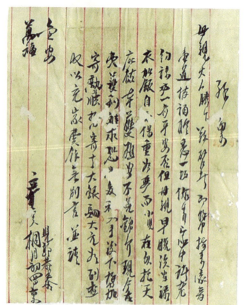

保藏参考指数☆☆☆☆☆☆

图1-26所示侨批，封面中间印有篆书"国耻纪念"四字，封背仅见列字编号和"迪吉春香，桐月初四日"的墨书，但未见批局的任何信息，由此推断为早期水客收带的侨批。写批日期"辛亥桐月（农历三月）初四日"，即清宣统三年辛亥三月初四日（1911年4月2日）。

1-27 1913年呷坡［马来西亚马六甲］林荣泉寄海邑古楼乡母亲侨批

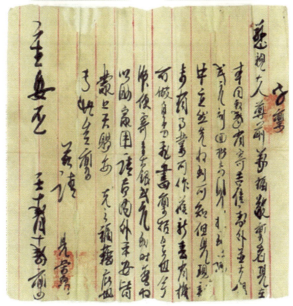

保藏参考指数 ☆☆☆☆☆☆☆☆

图1-27所示侨批，封面中间印有篆书"爱国纪念"四字，封背盖有"呷义发带信"的印记，但未见批局痕迹，与图1-26一样，是水客收带的侨批。写批日期"壬十二月十二日"，推断该批的时间为民国元年壬子十二月十二日（1913年1月18日）。

1840年鸦片战争之后，西方列强相继侵略中国。"国耻"这个字眼便频繁出现在中华民族的历史叙事中。据梁义群编著的《一百个国耻纪念日》一书列举，至民国成立之前，已经有59个较为重大的国耻日，说明了近代以来令祖国蒙羞的事件层出不穷。侨批封口上"国耻纪念"和"爱国纪念"正是在这一历史背景下产生的，它强烈唤醒、教育国民热爱祖国，勿忘国耻。图1-26、图1-27这两件承载特殊历史背景的侨批，十分稀少。

1-28 1915年暹罗林椿来寄前陇（今澄海隆都前陇村）母亲侨批

图1-28右侧骑缝印有"票根存照，和合核据"及"万成顺批局"的印章。根据写批日期"乙年七月廿一日"，推断该批的时间为民国四年乙卯七月廿一日（1915年9月3日）。

这是一件"万成顺批局"开给的票根。万成顺批局是澄海隆都人在暹罗创办的早期批局，并在家乡隆都设分局接收批信。

保藏参考指数☆☆☆☆☆☆

1-29 1917年叻林声茂寄潮安老叔侨批

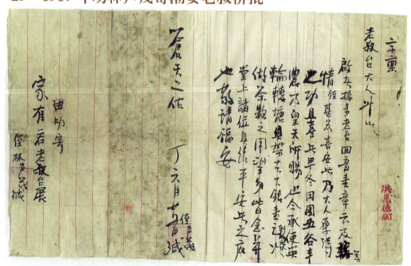

保藏参考指数☆☆☆☆☆☆

这是一纸折叠式侨批，该批未见批局印章，甚至侨批封面收批人的地址也省略了，可以断定该批是一封"水客批"。根据写批日期"丁六月廿二日"，推断该批的时间为民国六年丁巳六月廿二日（1917年8月9日）。

1-30　1921年叻林永金寄潮安宗兄林有若侨批

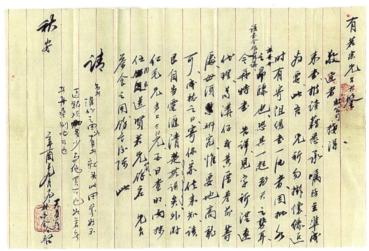

保藏参考指数 ☆☆☆☆☆☆☆☆

该批是一件"红条封",封面只写"附红毛兄专上一元",而未见收银人地址,很明显,这也是一封"水客批"。写批日期"辛酉年九月十九日",即民国十年辛酉九月十九日（1921年10月19日）。

图1-29、图1-30是两件不同形制的"水客批",其明显的特征是批面没有收批人的地址（不是所有的水客批都不写地址）。这是由于水客与寄批人及收批人极为相熟之故,所以不用写地址,批款也能顺利分发。图1-30的批封与内信均写有"附红毛兄专上一元",以告知收批人,批银是托"红毛兄"的,这更佐证了"红毛兄"是一位"水客"。

1-31　1918年实叻林朝镇寄海邑古楼乡母亲侨批

保藏参考指数 ☆☆☆☆☆☆

该批寄大银三元，并注明是七二兑。根据写批日期"丁腊月（农历十二月）初六日"，推断该批的时间为民国六年丁巳十二月初六日（1918年1月18日）。

1-32　1919年暹林财福寄澄邑南砂乡母亲侨批

保藏参考指数 ☆☆☆☆☆☆

该批写批日期"戊午十二月初二日"，即民国七年戊午十二月初二日（1919年1月3日）。

1-33 1919年叻陈娘士寄澄邑大芽乡蔡芝钿先生侨批

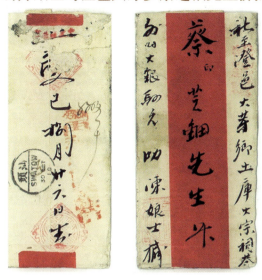

保藏参考指数☆☆☆☆☆☆☆

该批封背盖有"新加坡再和成保家银信"的批局章,由新加坡寄至汕头,加盖汕头1919年10月30日汉英单线小圆戳。

1-34 1920年廊礁[马来西亚廊礁]许亚水寄普邑(普宁)北山军埠寨母亲侨批

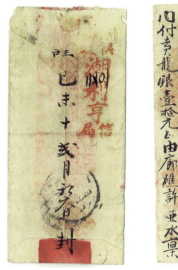

保藏参考指数☆☆☆☆☆☆☆

封背盖有"槟城潮利亨信局"的批局章。写批日期"乙未十二月初六日",即民国八年乙未十二月初六日(1920年1月26日)。

1-35　1921年暹丁炳南寄海邑鹤塘秋溪乡姻兄陈昌员侨批

保藏参考指数☆☆☆☆☆☆☆☆

该批封背盖有："呵叻丁炳和信局""振盛兴带"和"汕头振盛兴批"的批局印章。可以看出，这是相互协作、收寄的侨批，到达汕头后，封面盖有汕头1921年汉英单线小圆戳。

1-36　20世纪20年代前期暹林财福寄澄邑南砂乡林宅母亲侨批

保藏参考指数☆☆☆☆☆☆☆☆

该批封背封口处盖有模糊的汉英汕头单线小圆戳，以同户批信为佐证，推断该批的时间为20世纪20年代初期。

1-37 1922年槟城[马来西亚]许智砂寄普邑北山乡双亲侨批

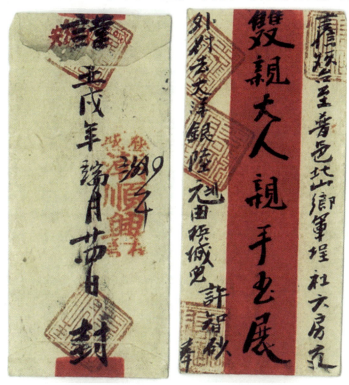

保藏参考指数☆☆☆☆☆☆☆

该批封背盖有"槟城潮顺兴批局"的批局章。写批日期"壬戌年端月（农历正月）廿四日"，即民国十一年壬戌正月廿四日（1922年2月20日）。

图1-31至1-37均为民国早期侨批，其显示的批局印章、邮政戳记、侨批形制、批款货币等诠释了民国早期侨批的基本特征。

1-38　1919年泰国许明正寄普邑（普宁）北山母亲陈氏的侨批与回批

a　许明正寄普邑北山乡母亲陈氏侨批

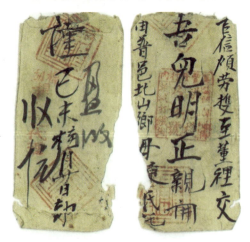

b　母陈氏寄董里许明正回批

保藏参考指数 ☆☆☆☆☆☆

　　图1-38a为泰国许明正寄普邑北山乡母亲陈氏侨批。封背编号列"盈2169"号。写批日期"己未年又七月廿四日"，即民国八年己未闰七月廿四日（1919年9月17日）。

　　图1-38b为普邑北山乡母陈氏寄董里儿许明正回批。封背与图1-38a侨批同列编号"盈2169"号。写批日期："己未桂月（农历八月）廿日"，即己未八月廿日（1919年10月13日）。

1-39　1920年许明正寄普邑北山乡母亲陈氏的侨批与回批

a　许明正寄普邑北山乡母亲陈氏侨批

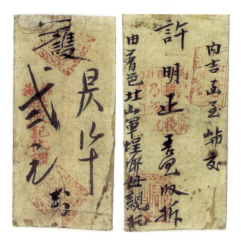

b　母亲寄屿许明正回批

保藏参考指数☆☆☆☆☆☆☆

图1-39a为马来西亚许明正寄普邑北山乡母亲陈氏侨批。封背盖有"槟城乃裕信局"的批局章和汉英汕头小圆戳,编号"戾16号"。写批日期"庚申年元月初四日",即民国九年庚申元月初四日(1920年2月23日)。

图1-39b普邑北山母亲寄屿[马来西亚槟榔屿]许明正回批。封背盖有"棉湖杨□记代理"的印章,该批与图1-39a侨批一样同列编号"戾16号",虽纪年缺略,也知与许明正侨批一样寄于1920年。

图1-38、图1-39是民国早期的两对同户往返成对的侨批与回批,纪年明确,内信齐全。

1-40　1923年越［马来西亚沙捞越］陈玉香寄澄邑程洋岗母亲侨批

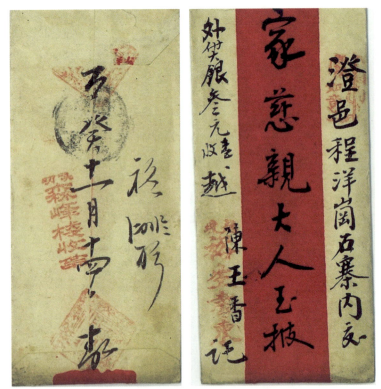

保藏参考指数☆☆☆☆☆☆

封背盖有"实叨森峰栈收带"的批局印章。根据写批日期"癸十一月十四日"，推断该批的时间为民国十二年癸亥十一月十四日（1923年12月21日）。

图1-40是"实叨森峰栈收带"的马来西亚沙捞越侨批，"森峰栈"是一家早期的批局，1880年开业，1927年停业。这种收带并盖有批局章的侨批较为少见。

1-41　1924年暹知敬寄揭邑（揭阳）西门外双亲侨批

该批封背盖有"堃记广泰兴"批局印章，写批日期："甲子元月廿二日"，即民国十三年甲子元月廿二日（1924年2月26日）。

保藏参考指数☆☆☆☆☆☆☆

保藏参考指数☆☆☆☆☆

1-42　1924年暹知敬寄揭邑西门外双亲侨批

封背同样盖有"堃记广泰兴"的批局印章，写批日期"甲子八月念（廿）壹日"，即民国十三年甲子八月廿一日（1924年9月19日）。

图1-41至图1-42是同户侨批，一封寄于民国十三年（1924）元月，另一封寄于同年八月，批封正面都盖有"同发利信局龙鸟银足重"的批局宣传印章，可见"龙鸟银"在当时的信用度得到社会的认同，因而批局也以分发足重的"龙鸟银"为承诺，招揽寄客。这一时期的侨批，品相美观、内信齐全、批局与邮局均盖印章，而且这种干支纪年明确的侨批并不多见。

1-43　1926年暹汪隐光寄揭邑九斗埔儿子汪喜敬侨批

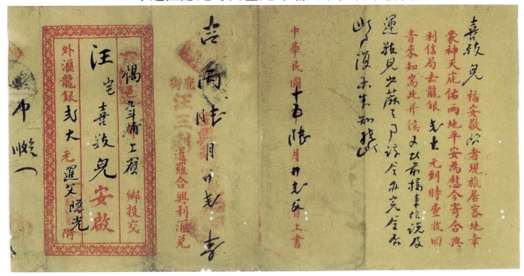

保藏参考指数☆☆☆☆☆☆

　　该折叠批盖有"暹罗合兴利汇兑"及"合兴利发光面银"的批局印章，写批日期"民国十五年陆月廿二日"，即1926年7月31日。

1-44　1927年暹汪隐光寄揭邑九斗埔儿子汪喜敬侨批

保藏参考指数☆☆☆☆☆☆

　　该批也是一封折叠批，也盖"合兴利发光面银"的批局印章，写批日期"丁年元月十日"，即民国十六年丁卯元月十日（1927年2月11日）。

　　图1-43、图1-44是一款批局为寄批者设计预印的折叠侨批。寄客只需填写姓名、地址、金额、日期或补充简单的附言就可以了，既方便寄批者，又节省了批信的体积。

1-45　1927年许清葵自泰国寄饶邑隆都樟藉乡许再胜的侨批与回批

a　许清葵寄饶邑隆都樟藉乡次子许再胜侨批

b　许再胜寄暹京父亲许清葵回批

保藏参考指数☆☆☆☆☆☆☆

　　图1-45a为暹许清葵寄饶邑隆都樟籍次子许再胜侨批。封背编号列"闰19号",根据写批日期"丁十月廿日",推断该批的时间为民国十六年丁卯十月廿日(1927年11月13日)。

　　图1-45b为樟籍乡许再胜寄暹京父亲许清葵回批。封背手书"荣丰隆栈"并盖有"汕头普通庄回批"的批局章,编号也与图1-45a侨批一样,同列"闰19号",虽未见纪年,也知寄于1927年。

1-46 1929年加影［马来亚］林盛标寄叻十八间后林序周侨信

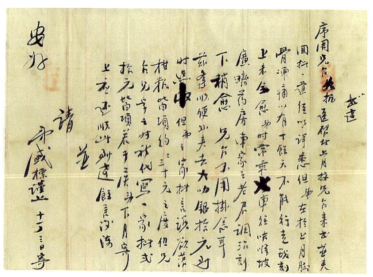

保藏参考指数 ☆☆☆☆☆☆☆

  该信封分别以中外两种文字书写，外文封面写有收信人地址、姓名，纳足邮资后，销1929年马来亚加影邮戳，从马来亚寄往新加坡。中文封面书写收信人姓名地址等，并盖有新加坡1929年的到达邮戳。

1-47 1930年北干[马来西亚北干]陈义芝寄潮安东凤乡陈赞堂先生侨批

该批封背盖有"彭亨北干陈丰顺信局"和"实叨许永德盛带"的批局印章,左上角贴邮票一枚,盖销马来亚北干1930年的邮政戳记。

该批由马来亚"彭亨北干陈丰顺信局"收寄后,贴马来亚邮票,盖北干1930年2月7日邮戳,寄往新加坡,再由新加坡"实叨许永德盛"转寄,以总包发往中国汕头。

保藏参考指数 ☆☆☆☆☆☆☆

1-48 1931年暹林财福寄澄邑南砂乡母亲侨批

保藏参考指数 ☆☆☆☆☆☆☆

该批封背盖有"合裕源成利银信局"的批局章和不清晰的汕头落地戳,封面加盖1931年的曼谷邮政戳记。

暹罗邮政局为了防止邮资疏漏,于佛历2472年(1929)印制面值15士丁的邮资封以供批馆使用,并于1929年11月13日颁布《允许在暹罗和中国之间通信中使用15士丁邮资信封的指令》,规定从当年12月15日开始,批馆寄出的中国银信和在暹罗的中国人要想通过邮政将"总包"寄往中国的,应使用15士丁的邮资信封。其他信封也可以使用,但必须贴上应付金额的邮票。

在收集的侨批中,邮资封使用时间较短,约为1931—1939年间,存世数量不多,品相完好的更少见。

1-49 1932年吧［马来西亚马六甲］林荣泉寄潮安古楼乡母亲的侨批与回批

a 林荣良寄潮安古楼乡母亲侨批

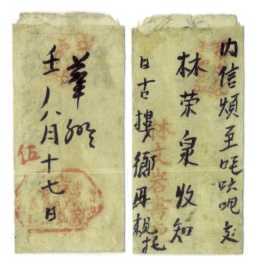

b 母亲寄马六甲林荣泉回批

保藏参考指数☆☆☆☆☆☆☆

图1-49a为吧［马来西亚马六甲］林荣泉寄潮安古楼母亲侨批。封背盖有"新加坡万益成保家银信局"的批局章和"振□栈"的椭圆形印记，该批编号列"华508"号。根据写批日期"壬八月初二日"，推断该批的时间为民国廿一年壬申八月初二日（1932年9月2日）。

图1-49b是古楼母亲寄林荣泉回批。封背盖有"实叨万益成批信由汕头永泰街光益裕分发"的批局章，编号也与图1-49a侨批一样，同列"华508"号，写批日期"壬八月十七日"，即民国二十一年八月十七日（1932年9月17日）。

1-50　1932年林荣泉自新加坡寄潮安古楼乡母亲的侨批与回批

a　林荣泉寄潮安古楼母亲侨批

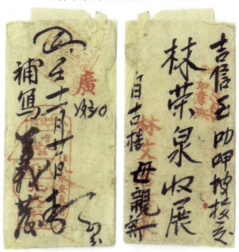

b　母亲寄叻呷坡林荣泉回批

保藏参考指数 ☆☆☆☆☆☆☆

图1-50a为呷林荣泉寄潮安古楼乡母亲的侨批。封背盖有"义发带信"和"实叻光荣昌批局"的印章，本批编号列"广6980"号，根据写批日期"壬十一月初三日"，推断该批的时间为民国廿一年壬申十一月初三日（1932年11月30日）。

图1-50b为古楼乡母亲寄叻呷坡（新加坡）林荣泉回批。封背盖有"实叻光荣昌批局"和"汕头光大庄回批"的批局章，与图1-50a侨批一样，同列编号"广6980"号。写批日期"壬十一月廿日"，即壬申年十一月廿日（1932年12月17日）。

图1-45、图1-49和图1-50侨批与回批，都是列字、编号相同的往返成对批信。从所盖的批局印章，可以得知外洋批局与国内联号批局之间相互协作，共同完成收寄、分发过程。

1-51　1932年加影林盛标寄叻十八间后林序周侨信

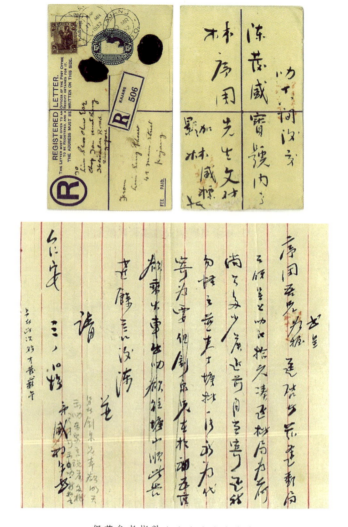

保藏参考指数☆☆☆☆☆☆☆

该信与图1-46一样也以中外两种文字书写信封。外文封面，书写收信人的具体信息，纳足邮资，销1932年马来亚加影邮戳，从马来亚寄往新加坡。中文封面除了书写收信人信息外，未见新加坡的到达戳。

图1-46、图1-51均为国际挂号信。从图1-46内信得知，林盛标寄林序周的信是请林序周"代写一家批二十元"，寄回故乡。图1-51内信"呈上叻银十元，凑还批局为荷"的文字，一目了然，这是两件"赊批"信件。"赊批"有两种，一种是托熟人代赊，另一种是亲自向记账人或批局赊批。图1-46、图1-51是寄国际信函请熟人代赊批款的，这种赊批信函极为罕见。

1-52 20世纪30年代潮安江东岳丈寄泰国女婿刘吗桐回批

封背盖有"暹罗协成兴批局、汕头协成昌回批"和"店市广顺庄分发"的批局印章。另外,批局还加盖"实用国货 誓雪国仇"的醒目宣传口号。该回批虽未见纪年,也知寄于抗日战争时期。

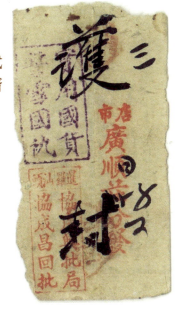
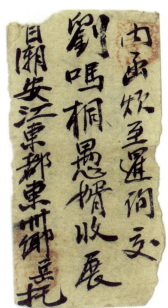

保藏参考指数☆☆☆☆☆☆☆

1-53 20世纪30年代许元升寄叻许美馥回批

潮汕旗地许元升寄叻许美馥回批。封背盖有潮安"实叻有成批信局,汕头永安街荣泰元银庄回批"的批局章,与图1-52一样,批局也盖有宣传口号:"实用国货 誓雪国仇"。这件回批也没有纪年。

图1-52、图1-53回批均未见纪年,但从其承载的宣传口号中,也知是20世纪30年代的回批。从这两件回批中,可以看到不同批局在国难时期做了相同的抗日宣传工作。

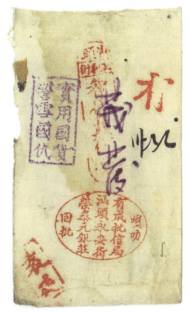

保藏参考指数☆☆☆☆☆☆☆

1-54 20世纪30年代澄海南洋（莲阳）王□辉寄安南金边王生兴回批

封背贴有14分的印度支那邮票一枚，盖销越南邮政戳记，但日期模糊。以同户回批为佐证，推断该回批的时间为20世纪30年代初期。

保藏参考指数 ☆☆☆☆☆☆☆

1-55 20世纪30年代澄海莲阳王和昌寄安南金塔王功名先生回批

封背盖有"安南陶兴隆批局、汕头光益分发"的批局章，与图1-54回批一样，也贴有邮票一枚，销不清晰的越南邮戳。以同户回批为佐证，推断该回批寄于20世纪30年代初期。

图1-54、图1-55是澄海莲阳寄金边[柬埔寨]和金塔[柬埔寨]的回批。该回批以总包形式寄至越南相关批局后，由于要转寄柬埔寨，因此需另补邮资，各贴邮票后寄往目的地。这种寄越南转至柬埔寨的回批，较为稀少。

保藏参考指数 ☆☆☆☆☆☆☆

1-56 1935年潮安金盾洲李寄越南李宝汉回批

封背盖有"安南宽记批局、汕头杉排路玉合庄"的批局章,左上角贴有"中华民国邮政贰角"的邮票,销1935年10月26日汕头邮戳。

从目前收集到的回批中,寄越南回批极少,单独贴票的更稀少。

保藏参考指数 ☆☆☆☆☆☆

1-57 1936年暹吴泰安信局开给郑钦桂的票根及回批

图1-57a为暹吴泰安信局开给郑钦桂的票根。编号列"面字381号",写批日期"丙子年元月初八日",即民国廿五年丙子元月初八日(1936年1月31日)。

图1-57b为揭邑登岗黄寄暹郑钦桂回批。封背盖有"魏启峰回批"和"汕头住永和街普通庄,暹罗吴泰安住三聘街"的批局印章,与图1-57a一样,同列"面字381号",该回批虽未见纪年,也知道其寄于1936年。

票根与回批成对,相对于侨批与回批成对的比例更少,但票根与回批成对,信息较为单薄。

a 吴泰安信局票根

b 黄寄暹郑钦桂回批

保藏参考指数 ☆☆☆☆☆☆

1-58 1936年暹郑钦桂寄揭邑桃都双亲的侨批、回批以及吴泰安信局票根

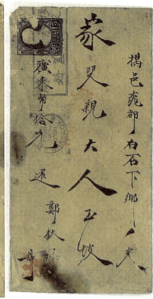

a 郑钦桂寄揭邑桃都双亲侨批

c 吴泰安信局票根

b 双亲寄暹京郑钦桂回批

保藏参考指数☆☆☆☆☆☆☆

图1-58a 暹郑钦桂寄揭邑桃都双亲侨批。封背编号列"志192号",封面销1936年曼谷邮政戳记。

图1-58b 桃都双亲寄暹京郑钦桂回批。封背盖有"黄德良回批"和"汕头住永和街普通庄,暹罗吴泰安住三聘街"的批局章,与郑钦桂侨批一样,同列"志192号",封背虽无纪年,也知与侨批的纪年相同。

图1-58c 吴泰安信局开给寄批者郑钦桂的票根。与本图侨批、回批编号相同,均为"志192号",写批日期"丙子四月廿五日",即民国廿五年丙子四月廿五日(1936年6月14日)。

图1-58的侨批、回批、票根三件同列"志192号",这是罕见的三件同套批信。侨批是从国外寄入国内的,回批是从国内寄往国外的,两者背道而驰;而作为寄批凭证的票根,则为寄批人所保存,想集齐三件成套的批信,只有外洋的寄批人将回批及票根寄回或带回故乡,才有可能凑成三件成套,但概率极低,故三件成套的侨批极为罕见。

1-59 1936年金塔［柬埔寨金边］杨泰合寄揭邑梅都福洋乡母亲侨批

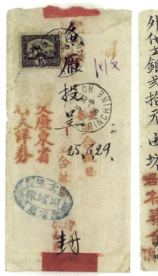

保藏参考指数 ☆☆☆☆☆☆☆

　　封背均盖有"安南玉合批局"和"金塔潮耀兴信局"的批局章,左上角贴法属印度支那15分邮票,销越南邮戳,日期是1936年。由于此时刚好政府改革币制,大洋券被定为广东法定货币,故封背均盖有"订交广东省银行大洋券"的宣传文字。

　　图1-59中的6件同户同名侨批,均是1936年从金塔经越南中转寄回潮汕的。"金塔潮耀兴信局"收批后,往往通过"安南玉合批局"转寄中国,批信到达越南时,经常受到检查,被检查后的批信,盖有一六角形的"越南批业公会验讫"的检查钢戳。由于金塔侨批属于稀少侨批,而盖有"验讫"检查戳记的,就更为少见了。

1-60　1937年越[越南]陈坚寄饶平凤皇洪二祖姊侨批

图1-60 封背盖有"金塔来丰发批局"和"安南陈宽记批局"的红字批局章，并贴有柬埔寨15分邮票一枚，销不清晰的邮戳，从柬埔寨寄至越南，到达越南后，销1937年越南中转戳，寄往中国。

侨批封面寄批人的地址写"越"，在东南亚寄潮汕侨批中，"越"可以析出三个不同寄批国，即"越南""马来西亚沙捞越"和"柬埔寨"。柬

保藏参考指数 ☆☆☆☆☆☆

埔寨金塔的侨批往往也写"越"，这是由于柬埔寨侨批时常通过越南寄往潮汕，因而柬埔寨华侨在侨批封的地址上也习惯写"越"。因此，鉴别其来龙去脉，应从批信上的批局章、邮政戳等入手分析、研究。

1-61　1938年暹陈英达寄汕头潮安县第四区陈熹和号侨信

保藏参考指数 ☆☆☆☆☆☆

封面贴15士丁邮资，销1938年8月17日曼谷邮戳，从曼谷寄汕头，途经香港中转后，封背销1938年8月25日香港中转戳，然后从香港寄广东枫溪，销1938年8月28日的广东枫溪邮戳，再从枫溪寄潮安官塘，销广东官塘的日期手填戳，最后由专人送交收信人。

这是一件抗日战争期间从泰国寄潮安的侨信。太平洋战争爆发前，南洋各国的侨批信件往往经香港中转，从毗邻香港的广东入口，经广东沿海路线辗转送交收信人。

1–62　1939年挽乱［老挝］锡桐寄潮安第四区陈宅双亲侨批

该批封背盖有"廊开陈益发信局"和"暹罗黄潮兴信局批印"的批局章，封面销1939年曼谷邮戳。

在收集的20世纪30年代的老挝侨批中，往往可见"廊开陈益发信局"和"暹罗黄潮兴信局"的印记，从以上信息中可反映这些批局是互相协作、揽收批信的。

保藏参考指数 ☆☆☆☆☆☆☆

1–63　1938年南［越南］钟松权寄潮安河内家母亲侨批

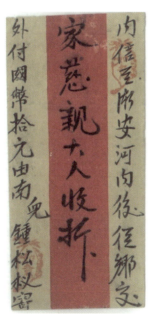

该批封背盖有"安南恒丰批局"的批局章，贴法属印度支那16分邮资，销越南堤岸1938年邮戳。

这是一件20世纪30年代从越南寄潮安的侨批，这个时期的越南侨批较少见，尤其品相佳美的更稀少。

保藏参考指数 ☆☆☆☆☆☆

1-64　1940年叻郑若灿寄潮安礼阳乡祖母侨批

该批封背盖有"新嘉坡万顺成汇兑信局"的印章，并盖有醒目的"批捐"二字，但未写明捐批时间和捐资金额。然而，从封面"中华民国廿九年十月十日付讫"的印记中，可以知道侨属在领批银时，便按照一定的比例捐款了。

保藏参考指数 ☆☆☆☆☆☆☆

1-65　1941年芙蓉［马来西亚］沈茂爵寄潮安华美乡沈文青侨批

该批封面右下角有两行红色文字"批捐每人抽贰分，华美乡公所征收"。封背盖有"芙蓉，海泉收批，专理收批，余事不用"的批局章，批信到达汕头后，销1941年汕头邮戳。

图1-64、图1-65是抗日战争时期从新加坡和马来亚寄潮安的侨批。批封分别盖有不同内容的批捐信息，这两件侨批是沦陷时期，被当地乡公所等抽收捐款后盖上的，以证明批捐收妥了。

保藏参考指数 ☆☆☆☆☆☆☆

1-66 1940年暹京[泰国曼谷]蔡清光寄揭邑地都双亲汇票

该汇票是由"暹京和合祥汇兑庄"接收后交曼谷邮政寄至揭阳的。汇票背面贴有15士丁邮票一枚,销1940年曼谷邮戳,正面右上角另贴非常罕见的面值5分泰币印花税票,盖1940年的销票戳。

抗日战争时期,泰国寄潮汕批款汇票是非常稀罕的,而且还加贴印花税票,作为历史资料和邮集资料,就更难得一见了。

保藏参考指数☆☆☆☆☆☆☆

1-67 1940年巨港[印度尼西亚]陈松溪寄潮安南桂鳌头乡陈静香侨批

保藏参考指数☆☆☆☆☆☆☆

该批封背盖有"巨港华侨银行"的收汇印章和提醒"收款人注意"的条款,批信从巨港寄达潮汕,销"广东鸟巢铺1940年"的落地戳。

该侨批是抗日战争期间"巨港华侨银行民信部"的预印侨批封,华侨寄批后,由"华侨银行代理处收转"交邮政寄回潮安,分发给侨属。

1-68　1940年叻谢令副寄澄邑外砂乡谢为得侄儿侨批

该批封背盖有新加坡华侨银行的收汇印章和"银信齐交、不折不扣"的宣传文字，批信由邮政寄至澄海，销"邮政储金·澄海廿九年十月廿六日"的邮戳。

该批是由新加坡华侨银行接收的侨批，办妥手续后交邮政寄至澄海，由"邮政储金汇业局"派员分发批信，这是抗日战争期间银行与邮政合作收寄、分发的侨批。

保藏参考指数 ☆☆☆☆☆☆☆

1-69　1941年叻陈顺德寄潮安江东张文长先生侨批

保藏参考指数 ☆☆☆☆☆☆

该批封背盖有"光益银行收，中国汕头永和街门牌八十三号"的银行印记，说明这件侨批是该银行收寄的，按规定贴印尼15分邮票，销1941年的邮戳。值得一提的是，封背还盖有难得一见的新加坡轮船邮戳。

这件侨批封面写批人地址是新加坡，但侨批的寄出地是印尼，有可能该华侨长期居住新加坡，临时到印尼办事，地址写新加坡是很正常的。该批以普通信函形式寄递，并通过印尼—新加坡轮船邮局中转，销新加坡1941年轮船邮局戳寄往汕头。轮船邮局属于临时邮局，随轮船办理收寄信件，所接收的只限于普通信函，这件侨批作为普通信函交寄并销轮船邮戳，极为稀少。

1-70 1940年越宅郡刘金寄汕头澄海刘嘉河先生侨批

该批封背贴有印度支那邮票一枚,以及不清晰的越南邮戳,批封未见批局痕迹,但见有中英文"汕头"的横式印记和"30869"的本批编号,以及盖有"澄海·29.6.17"的到达戳。

保藏参考指数 ☆☆☆☆☆☆☆

1-71 1941年越南刘卿寄汕头澄海刘嘉河先生侨批

该批封面贴邮票一枚,销越南西贡邮戳,批封与图1-70侨批一样,未见批局印章,但可见中英文"汕头"的横式印记和"11500"的编号,以及盖有"广东樟林三十年十一月五日"的到达邮戳,由此可知,这封侨批是先到达澄海樟林后再中转分发到莲阳上社的。

保藏参考指数 ☆☆☆☆☆☆☆

1-72 1941年堤岸[越南]刘卿寄汕头澄海刘嘉河先生侨批

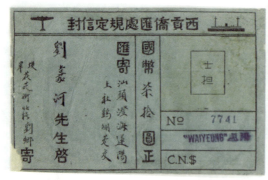 

保藏参考指数 ☆☆☆☆☆☆

该批是抗日战争期间使用的"西贡侨汇处规定信封",批的正面未见销票与批局痕迹,仅见中英文"惠阳"的横式印记和"7741"的编号,以及封背盖有"广东·樟林三十年十一月廿七日"的到达戳。

图1-70至图1-72均为抗日战争期间越南寄澄海的同户侨批。从侨批承载的信息可以看出,太平洋战争爆发前夕,越南寄潮汕的侨批,有走陆路的,也有经航运的。经航运的在香港中转后再乘船运往一河之隔的深圳,从深圳进口后的侨批,经惠阳中转至汕头,再转发潮汕各地。这也说明1939年6月21日汕头沦陷后,汕头邮政机构仍然收转海外批信。图1-70、图1-71侨批就是佐证历史的稀少实物资料。而图1-72侨批从惠阳中转后,未见入口汕头的印记,可见战争形势瞬息万变,临时改变邮路也是无奈之举。而盖有中英文的"汕头""惠阳"的侨批就更稀少了。

1-73 1941年占边[印度尼西亚占碑]丁亚南寄潮安仙田社光洋乡妻刘氏侨批

该批封背盖有"占碑江志成信局"和"光益银行收"的印章。这是一封由印尼占碑批局收寄的侨批,按规定贴足邮资,销1941年印尼邮戳,从印尼寄往中国,途经新加坡中转时,接受有关机构检查,在封面加盖第"93"号邮检戳。

保藏参考指数 ☆☆☆☆☆☆

1-74 1941年占碑舒亚九寄潮安登隆都塘东乡儿子舒秋明侨批

该批封背与图1-73一样，盖有"占碑江志成信局"和"光益银行收"的印章，也贴相同的邮票，销同样1941年的邮戳，盖同样的三角形检查戳记。

图1-73、图1-74是抗日战争期间印尼寄潮安的侨批。不同的寄客通过相同的途径寄批，又走相同的邮路，接受检查并盖相同的三角形戳记，可见当局对批信的检查既严厉又频繁。

保藏参考指数☆☆☆☆☆☆

1-75 1941年山打根[马来西亚]曾得昌寄潮安大和都西郊乡洪惜音女士侨批

封背盖有"山打根集益批局"的批局章和"广东保安市三十年五月七日的邮戳。封面另盖"银信齐交，不折不扣"的宣传印记与"香港华侨银行"的收汇印章。

这是抗日战争时期马来西亚寄潮安的侨批。该批是"山打根集益批局"收批后，寄"香港华侨银行"收转，经海运从广东保安市（今深圳市宝安区）入口，再辗转走沿海水路寄至潮安。经过这条邮路并盖有"广东保安市"邮戳的侨批极为稀少。

保藏参考指数☆☆☆☆☆☆

1-76 抗战时期曾德昌寄潮安大和都洪惜音岳母侨批

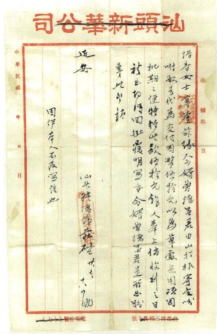 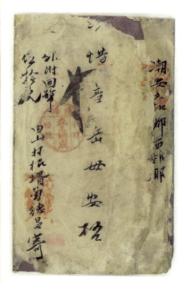

保藏参考指数 ☆☆☆☆☆☆☆

该侨批正面（背面空白）除了寄批人、收批人及地址、批银外，另盖有"浮洋李协成代收回批"的印章，乍看似乎与一般侨批并无两样，但展开内信，方知与众不同。原文照录如下：

惜音女士尊鉴：

兹缘令婿曾德昌君由山打根寄言，吩咐敝号代交付国币伍拾元以为尊处应用项。因批期之便，特将此款伍拾元饬人奉上，倘收到之日祈至切将回批复明，写交令婿曾德昌君，是所至盼，专此即请

近安

汕头张德茂庄启，卅七、十八日泐

因伊本人不及写信也

这是一封抗日战争时期的特殊侨批，可能由于该华侨在外洋汇款时受动荡局势影响，寄批麻烦，因此，"寄言""汕头张德茂庄"代写、代寄批款。从这件代写、代寄侨批可窥见潮汕沦陷期间，批款寄达侨属尚有特殊途径，它填补了国内代写代寄侨批史实的空白。这是目前发现的珍罕品。

1-77　1941年澄海图豪姊寄泰京曾大专回批

保藏参考指数☆☆☆☆☆☆☆

该回批上另贴一小纸条，书写文字是："批面交差作曾大专，谅为调错，祈向代理查补为祷。"该纸条背面补充内容："此批原系曾盖藩寄交其母收200元，回批作其姊收100元"。回批封背盖有"泰京荣德泰批局，汕头许福成代理"的批局章，另贴15士丁邮票，销1941年曼谷第八邮政局邮戳。

该回批是从澄海寄泰国泰京荣德泰信局的，因汕头相关批局出差错，回批寄往泰京批局后发现问题，及时贴足邮资，从曼谷寄回汕头的代理许福成批局校对查补。这件回批因为批局"调错"成为目前发现的唯一泰国贴票返寄汕头回批。

1-78　1939年潮安鹳巢后巷社寄暹儿子李锦荣回批

封背盖有"暹京许明发批局，汕头许福成回批"的批局章，销曼谷第八邮政局1939年5月17日的邮戳。

保藏参考指数☆☆☆☆☆☆☆

1-79 1941年潮安鹳巢乡双亲寄泰国儿子李锦荣回批

该批封背盖"泰京吴泰安批局,成顺利振记分发"的批局章,销曼谷第八邮政局1941年2月24日邮戳。

保藏参考指数 ☆☆☆☆☆☆☆

1-80 1941年潮安鹳巢乡双亲寄暹罗儿子李锦荣回批

该批封背盖"汕头洪万丰代发"和"后沟万兴昌代分"的批局章,销曼谷第八邮政局1941年6月19日的邮戳。

图1-78至图1-80回批是抗日战争期间,潮安侨属在不同时间经不同批局寄至泰国,但相同的是到达曼谷邮局后,皆经曼谷第八邮政局加盖落地戳,交相关批局领出分发。

保藏参考指数 ☆☆☆☆☆☆☆

1-81　1942年泰京洪文豪寄澄邑上都东林头乡双亲侨批

该批于1942年由曼谷寄至汕头，批信到达汕头后，经日伪侨务局检查后，批面盖有黑色"和平区，侨委会驻汕处，准许分发侨批"的检查戳记。写批日期"壬午年八月廿五日"，即民国三十一年壬午八月廿五日（1942年10月4日）。

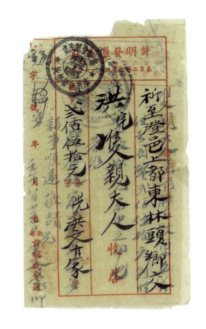

保藏参考指数 ☆☆☆☆☆☆☆

1-82　1943年泰国陈锡炎寄潮安南桂都陈绍权侨批

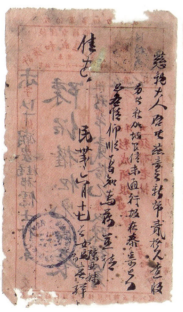
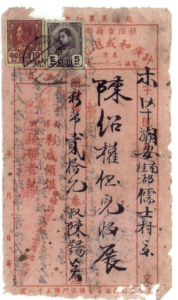

保藏参考指数 ☆☆☆☆☆☆☆

写批日期"民卅贰年六月十七日"。该批封面贴15分邮资，销1943年泰国邮戳，寄至汕头。批信被汕头日伪侨务局检查后，加盖"和平区，外交部侨务局驻汕办事处，准许分发侨批"的蓝色检查戳记。

图1-81、图1-82是抗日战争期间泰国寄潮汕的侨批。汕头沦陷后，日伪当局为了控制侨汇，在汕头设立"侨委会"和"侨务局"进行管控。从泰国寄汕头的侨批，经日伪当局检查后，盖有两种不同颜色和不同内容的"和平区"检查戳记。

1-83 1946年星洲［新加坡］林思曾寄澄海程洋冈林思敬先生侨批

该批封背盖有"新嘉坡信通汇兑信局"的印记和"新加坡华侨银行"的收汇印章，从新加坡寄往澄海，到达澄海邮政局后，封面盖有"广东澄海城内三十五年四月五日"落地戳，另盖有"政府津贴金经包括在内"的印章。

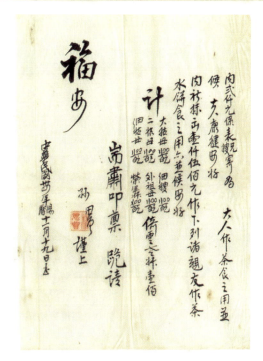

保藏参考指数 ☆☆☆☆☆☆☆

这是一件抗日战争胜利后的侨批。该批内信涉及面广，不仅询问亲人安危，而且诉说日军铁蹄下人民的凄惨苦况。侨批到达澄海后，由于当时货币日益贬值，国民政府为鼓励华侨寄批，对侨汇实施补贴，因此盖上"政府津贴金经包括在内"的宣传章，又因津贴政策短暂，故这种印章较少见。

1-84 1947年叻刘四峇寄潮安登隆都云路塘东乡刘捷镇侨批

封背盖有"鼎盛信局"的批局章,由新加坡寄至汕头,销"汕头邮局"临时邮戳和"汕头卅六年六月九日"的落地戳。

1947年6月2日,汕头邮局临时使用"国内互寄批信已纳足,特准批信局专人带送,汕头邮局"的银信专用邮戳,该戳使用至1947年8月28日,由于该临时戳使用时间短,故实物较少,邮戳内容清晰的更少见。

保藏参考指数☆☆☆☆☆☆☆

1-85 1947年新加坡裕生汇兑信局开给郑续举票根及伟川寄郑续举回批

a 裕生汇兑信局票根

b 伟川寄叻郑续举回批

保藏参考指数☆☆☆☆☆☆☆

图1-85a编号列"裕字9951号",写批日期"民国卅六年(1947)七月十六日"。

图1-85b是隆都后溪伟川寄叻郑续举的回批。封背盖有"实叻裕生信局,汕头洪万丰分"和"店市潘合利分发"的批局章,编号与图1-85a的票根同列"裕字9951号",回批虽无纪年,也知其寄于1947年。

1-86 1948年叻陈成有寄饶隆都宅头乡陈楚钦侨批及回批

a　陈成有寄陈楚钦侨批

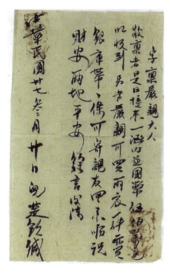

b　陈楚钦回批

保藏参考指数 ☆☆☆☆☆☆

图1-86a是由"汕头胜发批局分发"编号列"寿字2836号"的,另盖有"概发大纸"印记。但未见侨批日期。

图1-86b为隆都宅头乡陈楚钦寄新加坡父亲陈成有回批。封背盖有"店市广顺庄分发"和"实叻裕成利,汕头胜发,升平路九六号"的批局印章。该回批与陈成有侨批一样,编号也列"寿2836号",另盖"概发大纸"的印记,写批日期"民国卅七年叁月廿日",即1948年3月20日。

这是编号相同的成对侨批与回批。批局在侨批与回批上均加盖"概发大纸"的印记,以此承诺批款分发"大纸"。这里大纸指的是国币面额一千元以上的国币钞票。

1-87　1948年暹刘泽深寄澄邑上区图濠乡曾盖藩先生侨批

保藏参考指数 ☆☆☆☆☆☆☆

　　该批封面书写批款"国币叁亿肆仟万元"，封背盖有"华丰泰银信局"的批局章，贴足邮资后销1948年泰国邮戳，由泰国寄至澄海。

　　抗日战争胜利后，国币急剧贬值。1948年，华侨寄批，批款一月比一月攀升，从单封的几万、几十万、几百万、几千万甚至上亿，钞票越寄越多，越多越跟不上币值暴跌的速度，几乎成为废纸。但批款一次性寄三亿四千万元的，在现有的侨批实物中，还是稀少的。

1-88 1949年暹罗陈英厚寄潮安秋水乡黄锦河侨批

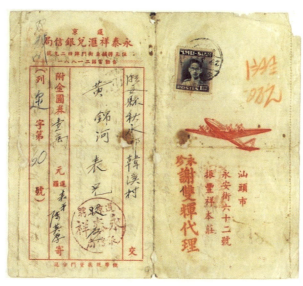

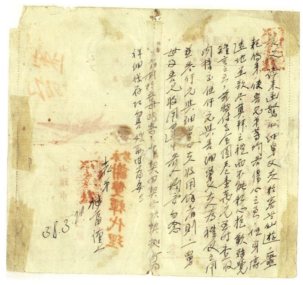

保藏参考指数☆☆☆☆☆☆☆

  该批封面盖有"暹京三聘，永泰祥银信局"的批局章，封背盖有"永珍谢双辉代理"的批局章和"汕头市永安街六十二号振丰祥本庄"的文字，贴足邮资后销不清晰的泰国邮戳，从泰国寄至汕头，写批日期是三十八年三月二十日（1949年3月20日）。

  从该批背面的批局印章得知，这件侨批是老挝永珍"谢双辉代理"收批，转寄泰国"永泰祥银信局"交邮政寄至汕头的。这件老挝永珍侨批虽为民国后期的，但也稀少。

1-89　1949年暹李楚歆寄澄邑莲阳母亲侨批

该批封面左上角书写"基数90元"，说明寄批者在泰国寄批时与批局订明寄"基数"的。写批日期"卅八年（1949年）七月十七日"。

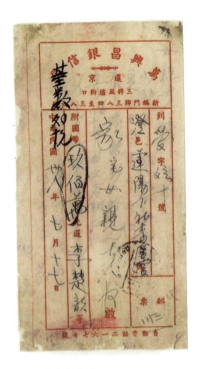

保藏参考指数 ☆☆☆☆☆

1-90　1949年陈炳极寄海东凤二房母侨批通知书

该通知书正面盖有"基数"二字和"按公价折南方券"的印章，另盖汕头邮戳，日期是"卅八年十月十一日"。

图1-89、图1-90侨批是寄"基数"的，基数就是以银圆为折算单位的基本数字。图1-90侨批通知书是"汕头洪万丰批局"由外洋寄至汕头的侨批目录中抄发的，该批在外洋是与批局订交"基数"，寄至潮安时，此时潮安县已流通南方券，因此按"基数"与"南方券"的兑换率，以当天银行牌价折算为"南方券"分发侨属。寄"基数"时间极短，存世实物稀少。

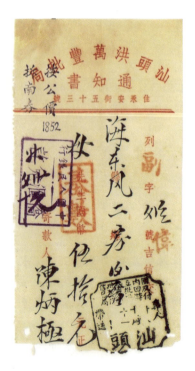

保藏参考指数 ☆☆☆☆☆

1-91　1953年新加坡姚海通寄汕头潮安南桂姚广通侨批

保藏参考指数☆☆☆☆☆☆☆

　　这是一封寄于1953年的暗批。该批左上角批款处贴有三枚邮票，用于遮盖汇款金额，使其外观与普通信件无异，然后交当地邮政销票，寄至汕头潮安。

1-92 1953年叻刘洽镇寄潮安登隆都塘东乡妻许氏侨批、内信及侨批通知书

a 刘洽镇寄潮安登隆都许氏荆妻侨批
保藏参考指数☆☆☆☆☆☆☆

该批内信编号列"道865号",也是一件暗批,该批封面贴航空标签和35分邮资遮盖批款金额,以普通信件交寄邮政,销新加坡1953年邮戳。寄往国内,到达潮安时,封背盖有"广东潮安1953年7月20日"的到达戳。(见图1-92a)

b 内信

图1-92c为新加坡许洽镇寄潮安登隆都妻子许氏的侨批通知书。该通知书是"悦记批局分发",列"道字865号",与刘洽镇暗批的内信(图1-92b)列字编号相同(暗批与通知书成对),通知书抄发时加盖"汕头1953年7月20日"的邮戳。

图1-91、图1-92是新加坡寄潮安的暗批。新中国成立后,东南亚各国对华侨寄批实行严格限制,新加坡当局更是规定华侨寄批每人每月不得超过叻币45元。图中暗批所寄批款均超限额,故只能以暗批操作,规避检查。新加坡暗批极少,暗批与通知书成对的更少见。

c 侨批通知书

1-93 1954年新加坡陈汝杰寄潮安金砂儿子陈在乐暗批

保藏参考指数 ☆☆☆☆☆☆

该批封面邮票揭开后，未见批款痕迹，但这也是一封以普通信件寄递的暗批，该批在新加坡贴票销戳后寄至国内，封背盖有"SWATOW"（汕头）二字，同日转寄潮安后盖"广东庵埠1954"的到达戳。

这件暗批与图1-91和图1-92暗批不同的是，上述暗批的批款是写在封面，以邮票贴盖。而本图暗批贴邮票处揭开后未见汇款信息，这是新加坡当局严查侨批期间，为了防止执法人员撕开邮票检查批银，批局告诫写批人勿在封面书写批款，招来麻烦。有意思的是，1954年由新加坡寄潮汕的"山水封"暗批，虽为不同寄批人寄给不同侨属，有时却出自同一人的笔迹，而且封面信息皆为格式化填写，批局操作形式明显。这种封面不写批款的暗批，往往见于20世纪50年代初期，由于使用时间短，因此实物稀少。

1-94　1951—1955年沙捞越［马来西亚］林升荣寄潮安古楼乡林泽辉侨批

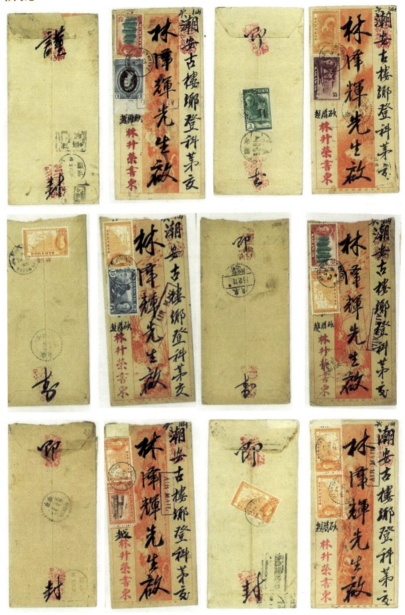

保藏参考指数☆☆☆☆☆☆☆

这是6件同户同名的暗批，批面左上角均贴邮票遮盖批款，销1951—1955年的沙捞越邮戳，从沙捞越寄至国内，封背盖有"汕头""广东潮安"等戳记。

沙捞越林升荣寄潮安的6件暗批，与图1-91至图1-93新加坡暗批一样，都是为了规避当局管制华侨寄批所采取的应对办法。从实物中发现，沙捞越暗批相对于新加坡暗批稍为多见，但品相好、印记清晰的沙捞越暗批却难得一见。

1-95 1953年暹罗张高芝寄揭邑西门外张宅母亲侨批

a 张高芝寄揭邑西门外张宅母亲侨批　　　　　　b 永兴盛汇兑银信局通知书

保藏参考指数 ☆☆☆☆☆☆☆

　　封面盖有"批银已还"的文字，封背列字编号，为"来字101号"。贴票盖销后从泰国寄至国内，到达汕头后，加盖1953年的汕头戳记。（见图1-95a）

　　图1-95b为泰国张高芝寄揭邑西门外母亲的侨批通知书。通知书附言盖有"批银先发　有错取回"的批局印记，本通知书的编号与图1-95a同列"来字101号"，也盖有汕头1953年的邮戳，很明显，侨批、通知书列字编号成对。

　　外洋批局揽收侨批，备有三份"寄批目录"。一份存档，一份与侨批一起通过海运寄往汕头，另一份则经航空寄至汕头联号或分号批局，寄批目录一般要比侨批提前4～5天到达。图1-95b侨批通知书就是汕头联号批局通过寄批目录抄写分发的。原批到达汕头后，才派员补送，俗称"一批二送"。

1-96　1955年叻陈英达寄潮安第四区儿子陈卓彦侨批

a　陈英达寄潮安第四区儿子陈卓彦侨批

b　"收件人注意"通知单

保藏参考指数 ☆☆☆☆☆☆

封背盖新加坡不清晰的批局章，从新加坡寄汕头，加盖1955年7月31日的汕头邮戳，另盖"汕头海关驻邮局办事处·验讫放行"的椭圆形印章。（见图1-96a）

侨批中往往有夹寄现象，如外币、缝衣针、线、药散、西药片、洋参片等。图1-96a侨批就是被查出违规夹寄，经汕头海关检查后，若认为轻微违章的，则填写"收件人注意"（见图1-96b）的通知单后放行。

1-97 1957年李再木寄潮安鹳巢乡李再赐胞兄的侨批、侨批通知书及催批单

图1-97a 柔[马来亚柔佛]李再木寄潮安鹳巢李再赐侨批。封面盖有"泰4198"的编号和"柔佛坡广泰隆公司批局"的印记,该批由马来西亚寄至汕头盖1957年的汕头邮戳。

图1-97b 李再木寄潮安鹳巢李再赐的侨批通知书。正面盖有"原批邮途未到,抄录先还批银"的批局印章,通知书编号与图1-97a侨批同列"泰4198号",并加盖1957年的汕头邮戳。

图1-97c 是批局送交鹳巢李再赐的"催批单",也列"泰4198号",而且在"催批单"印章下笔注"回批从速"四字。该催批单虽无日期,但从相同的列字编号中可知其寄于1957年。

同列"泰4198号"的海外来批、国内侨批业商号填发的侨批通知书以及补充发送的"催批单",体现了批局诚信经营、认真负责的态度。三件同一列字编号的侨批档案,难得一见。

a 李再木寄潮安鹳巢李再赐侨批

b 侨批通知书　　c 催批单

保藏参考指数☆☆☆☆☆☆☆

1-98　1957年暹京陈荣成寄澄海西埭头乡儿子陈亚扁侨批

保藏参考指数 ☆☆☆☆☆☆

　　该批封背盖有："孚中信局有限公司"的印章，从泰国寄汕头后，盖汕头特准批信局1957年编码"戊"字的邮戳。
　　1956年，汕头邮政局开始使用一组带有"天干"编码的"特准批信局"侨批专用邮戳，这组邮戳共有八个编码，即甲、乙、丙、丁、戊、己、庚、辛。其中，"戊"字戳极少使用，侨批中也较少见。

1-99 "文革"时期沈坤顺寄潮安鳌头沈茂娟侨批通知书（印毛主席语录）

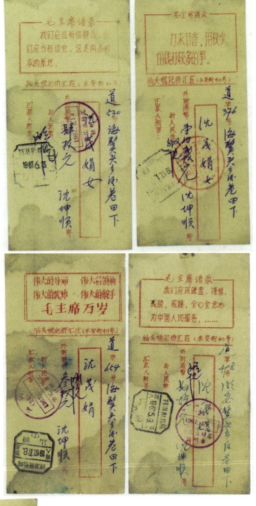

外洋沈坤顺寄潮安鳌头沈茂娟侨批通知书。该组通知书共5件，同户、同名，均寄于1967年，且均系汕头悦记侨汇庄填写分发。

"文革"时期，"悦记侨汇庄"使用了一批长方形的毛主席语录侨批通知书，据笔者掌握的信息，这款富有时代特色的侨批通知书，由汕头"悦记"填写并分发。如今，这种印有"毛主席语录"的侨批通知书存世稀少。

僑批檔案圖鑒

第二章

引　言

　　本章收录了1919—1985年具有一定代表性而且较少见的侨批，共116件。所谓较少，是指本章中筛选的二级侨批，存世量相对较少。由于品相、印章、戳记、纪年和内信内容等均为衡量、评判侨批等级的条件，因此，本章中的一些侨批，原本是可以达到一级的，但因其戳记模糊和整体品相欠佳，从而列为二级侨批。在二级侨批中，首先值一提的是"山水封"①。山水封在侨批史上发挥了极为重要的桥梁作用，其使用时间虽不及红条封那样长，但应用范围与密度却比红条封大得多（实物中红条封的数量约为山水封的1/10），山水封是从20世纪20年代开始逐渐出现的。这一时期的侨批实物中，往往以红条封和山水封相间使用为主。

　　20世纪30年代以后，红条封的使用频率渐少，实寄侨批以山水封为多，有趣的是，绝大多数早期山水封的款式，在民国后期和新中国成立之后的山水封中，并没有重复出现。因此，一些干支缺略的山水封，其图案对于佐证年代也起到一定的辅助作用。如图2-2，信封上的"思君子"文字图案，就是20世纪20年代初期使用的山水封，由于实物使用时间极短，可以说该图就是早期山水封的标志之一。

　　了解山水封的使用历史，对收藏、研究侨批是很有必要的。图2-4是泰国寄潮安的山水封，收批人地址是"海邑东凤二房"。在这件侨批中，"海邑"，即海阳县，该县因与山东省的海阳县同名，已于1914年改名为潮安县。但华侨写批，还是习惯将潮安县写为"海邑"。在侨批收藏交流中，有的人将写有收批人地名"海邑"，批款又是寄"大莺银""大洋银"或"大银"等银圆时期的山水封（干支纪年缺略），说是清末侨批。需要说明的是，在疑似清末、民国初期的侨批中，如果是一件红条封，收批人地址是"海邑"，批款又是寄大银的，而且恰好纪年不详，若要判断该批究竟属于清末还是民初，对于一些人来说，往往是一个难题。若是红条封上面的信息集中在一件山水封上，那肯定是20世纪20年代以后的侨批。

　　由于侨批数量大、时间跨度长、款式复杂等原因，不少人接触侨批之后，都有一个相同的疑问：到底什么样的侨批才算是好侨批？它有何与众不同的地方？回答这个问题，可分为两点。一是从侨批的历史意义来说，侨批没有一件是完全相同

---

①　山水封：侨批中较常见，使用时间较长，常以山水人物、飞禽走兽、地理名川、名人名言为图的预印侨批封。

的，一件侨批就是一个故事，它是海外华侨经过艰辛奋斗换来血汗钱、寄回故乡赡养亲人的见证。仅从这一点来说，每件侨批都是有价值的。二是从侨批的年代、品相、印章、戳记、货币、书写、家书内容等方面而论，侨批的保藏价值确实有好坏优劣之分。从晚清至20世纪90年代的一百多年中，外洋寄潮汕的侨批，不论银圆时期、国币时期或者港币、人民币时期，都先后出现了相对有保藏价值的侨批，主要体现在其承载的历史信息上。一枚与众不同的印记或者特殊时期、特殊事件背景的侨批，以及批信中感人的故事，就是保藏指数高的侨批。如新加坡蔡寿育寄潮安洪应惜侨批（见图2-8），信封背面盖有中英文的宣传戳记，内容是："伍仟万同胞待毙，捐款交上海九江路国府救济水灾委员会"。该戳记特殊之处就是记录了1931年长江和淮河流域暴发的百年不遇的大水灾，灾情遍及17省，灾民超过5000万。国民政府鉴于灾情严重，紧急成立专门赈灾委员会，呼吁海内外热心人士和华侨华人伸出援手，救济灾区。因此，盖有这样戳记的侨批，当然就比较特殊和难得了。而一件沦陷时期的侨批内信，就更来之不易了。如1944年香港奎为寄潮汕母亲的批信（见图2-39），信中涉及"汇台湾银行军票150元"一事，批信中指的"军票"是抗日战争期间日军在沦陷区强制发行的、并强迫商民使用的日本军用手票。该军票在潮汕使用时间极短，用于汇寄批款更是难得一见，它见证了当时日本侵略中国、发行军票、扰乱中国金融、掠夺财富的历史。由此可见，侨批家书在"侨批档案"中有着极其重要的作用。但遗憾的是，限于本书篇幅，一些内容丰富但页数较长的批信，未能录入。

需要说明的是，不是所有的侨批都附有家信。也就是说，侨批不完全是"银信合一"或"银信合封"，所谓"合一""合封"只是一部分，不少侨批往往有银无信。如泰国潘庆泰于1941年寄隆都许氏的侨批（见图2-35）和泰国陈慈钱于20世纪40年代寄隆都后埔乡陈坤海的侨批（见图2-36），是两件完整的民国时期的侨批，但这两件侨批上均未见只字附言。那么，是否这两件没有附言的侨批只是个例呢？不是的。在本章中，笔者列举出一些"有银无信"的侨批（见图2-75至2-77），以实寄侨批为例，展示不同时间不同寄批人及不同款式的侨批，以此说明有银无信的侨批在侨批档案中占有一定的比例，是值得研究的。这些有银无信的侨批，有的是因时局的关系没有附言。如1952年泰国余锡科寄澄海的侨批（见图2-78），批的正下方印有"便利递寄　请勿附言"的文字。估计该批没有附言的原因是遵批局吩咐，未写家书。然而，1953年和1954年捷成侨汇批信局抄发的侨批通知书（见图2-82、图2-86），应该不受任何影响，但也未见附言。这两件通知书的寄批人均是新加坡陈英达寄潮安陈卓彦的，陈英达的寄批方式，常常只向批局寄"口信"（即口头吩咐），也就是说，寄批人只提供收批人及银额、地址、姓名、日期等具体信息，外洋批局将寄批目录寄回汕头的联号批局，汕头批局依据外洋的目录，抄写一通知书，分发侨属。另外，华侨陈英达再通过邮政寄上一信（见图2-83和图2-85），略述寄口信的过程及家庭近况。这种寄批方式是银、信分开寄，并非银信"合一"或"合封"。详细原因，不得而知。但有一点可以肯定的是，寄钱有时比寄信更重要，侨属收到批款，也知外洋亲人一切尚可。

  侨批中，支付批款的货币随着历史的变化而变化。自20世纪40年代后期至70年代初，批款以港币结汇，分发通用货币和人民币。1973年，根据国务院指示，侨批业归口中国银行管理，侨批中才陆续出现以人民币作为批款直接汇寄。如外洋张梨娟于1982年寄潮安侨批（见图2-113），这是一件直接寄人民币的侨批，其封背可见中国银行预印的"敬启者……"的宣传文字，以提醒侨属应注意的事项，更好地为华侨、侨属服务。

  本章收录的侨批年代与上一章侨批年代有所区别。以二级侨批的要求筛选实物，档次较高的晚清侨批当然就不在本章范围之内，但这并不等于本章就缺乏亮点。以"有银无信"的侨批为例，从民国至新中国成立之后的侨批中，均穿插举例，这在侨批研究中可说是新课题，可纠正长期以来学界说的银信"合一"或"合封"的观点。相对于有银无信的侨批，"暗语批"更受学界的重视，它与第一章的"暗批"，从称呼上仅一字之差，但寄批的操作却截然不同。"暗批"是以邮票遮盖批款，而"暗语批"则是以代名词代替港币的称呼，方法虽不同，但目标一致。可见，华侨寄批，有时也是颇费周折的，必须运用巧妙的办法，方能顺利寄批，因而也演绎了一个个生动的故事。

2-1 1919年暹李杨兴寄海邑吉水李宅双亲侨批

该批封背盖有"陈炳春批局"的印记,从泰国寄往中国汕头,盖1919年8月22日汕头汉英单线小圆戳。①

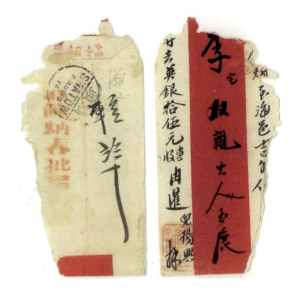

保藏参考指数 ☆☆☆☆☆

保藏参考指数 ☆☆☆☆☆

2-2 20世纪20年代暹陈来镇寄潮安秋溪陈宅母亲侨批

封背盖有"万磅陈仁源"印记和"暹罗庄胜裕兴信局"的批局章。该批寄至汕头后,加盖不清晰的汕头落地戳。

这是一封寄于20世纪20年代的"山水封",这一时期的山水封,常常以"山水人物""历史故事""古代货币""古典名句"等作为题材,印制于侨批封面。该批封面印有"思君子"三字及所寄货币,符合20世纪20年代侨批的基本特征。

---

① 侨批中加盖这种小圆戳,往往见于1919—1930年。

2-3 1929年暹林圣源寄澄海南砂乡父亲侨批

从侨批的批局印章，可知这是两家批局协作收寄的侨批。该批封面盖有"暹京郑成顺利振记，保家银信，支取不准"的批局章。封背也盖有"暹罗泰成源信局，支取不准"的印记。从泰国寄至汕头，盖1929年的汕头到达戳。

保藏参考指数 ☆☆☆☆☆

2-4 1930年暹陈邓旭寄海邑① 东凤乡儿子陈德煐侨批

该批封背盖有1930年的泰国邮戳及盖有1930年4月11日的汕头落地戳。

20世纪20至30年代中期的银圆侨批常常使用"红条封""山水封"及干支纪年，而且收批人地址往往也写"海邑"。若是一件"红条封"，纪年缺略，对于一些人来说，要判断其年代，确实有些困难。值得注意的是，如果上述信息集中在一件"山水封"的侨批上，那肯定是20世纪20年代以后的了。

保藏参考指数 ☆☆☆☆☆

---

① 这件侨批的收信人地址是"海邑"。海邑是指广东省海阳县，该县因与山东省的海阳县同名，已于1914年改名为潮安县。但华侨写批，还是习惯将潮安县写为"海邑"。

2-5 1935年以前暹京郑成顺利振记信局给单

该给单①是泰国林惇材寄潮安上东堤乡光兴昌内收的。正面盖有"暹京郑成顺利振记,保家银信,支取不准"的批局章。虽然纪年模糊不清,但从所寄光银可以看出,该给单是寄于1935年以前的银圆时期的批款单。

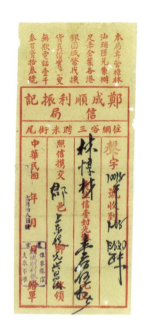

保藏参考指数☆☆☆☆☆

2-6 1931年叻蔡寿育寄潮安大和都西郊乡外甥洪应惜侨批

该批封背盖有"华兴银信分局"的印章和1931年的汕头"邮政储金汇兑、稳固便利迅速"的邮政宣传及纪年邮戳。②

保藏参考指数☆☆☆☆☆

---

① 给单:批局开给寄批人的凭单。
② 邮政储金汇业局是经营放款和汇兑的金融机构,利用侨批宣传其业务并加盖这种戳记的不多见。

2-7　1930年暹陈大煌寄汕头市福安横街母亲侨批

该批封背盖有"曼谷兴记信局，住天外天横街"的椭圆形批局章，并贴有15士丁邮票①一枚，销1930年曼谷第八邮政局邮戳，从泰国寄至汕头。

保藏参考指数 ☆☆☆☆☆

2-8　1931年叻蔡寿育寄潮安大和都西郊乡外甥女洪应惜侨批

该批封背盖有"实叻智发盛信局"的批局章和中英文的汕头邮政宣传戳记："伍仟万同胞待毙，捐款交上海九江路国府救济水灾委员会"②，邮戳纪年是1931年。盖于批封上的宣传戳记，反映了1931年百年不遇的大水灾背景。因该批残缺，故列为二级侨批。

保藏参考指数 ☆☆☆☆☆

---

① 1929年11月，泰国当局对批信邮资做出规定，凡由批信局寄出的批信，按每封20克的重量缴纳邮资15士丁，并将邮票贴在批封上，由第八邮政局盖销后以总包寄出。

② 1931年长江和淮河流域暴发了百年不遇的大水灾，灾情遍及17省，灾民超过5000万。国民政府鉴于灾情严重，紧急成立专门赈灾机构——国民政府救济水灾委员会，呼吁海内外各界人士抗洪救灾，赈济灾区。

2-9 1930年暹曾克龙寄振盛兴信局口信

该口信①是1930年泰国曾克龙通过振盛兴信局寄汀（澄）邑（澄海）本里母亲收的，批款是光洋一十五元。

这是一件"口信附寄光洋"的批款通知书，在实寄侨批中，这种带口信的批款通知书是不多见的。

保藏参考指数☆☆☆☆☆☆

2-10 1934年暹郑成顺利振记票根②

这是一件品相佳美、字体工整、纪年清楚的票根。该票根是泰国华侨林财福寄澄海南砂母亲的寄批凭证，写批日期为"民国念（廿）叁年七月五日"。

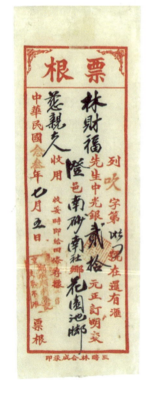

保藏参考指数☆☆☆☆☆☆

---

① 口信是一个汉语词，指口头传达的信息。外洋寄批人向批局口述寄批，批局登记寄批人及收批人等基本信息，将"寄批目录"寄至汕头。汕头联号或分号批局依据目录抄写一侨批通知书，分发侨属。这种通知书，俗称口信寄批。

② 票根是华侨寄批时批局开给寄批者的汇款凭证。

2-11　1935年澄海黄母寄泰国黄锡恩回批

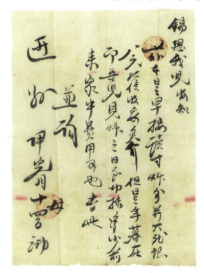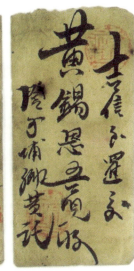

保藏参考指数 ☆☆☆☆☆

该批封背盖有"汕头普通庄发送"和"暹罗合兴利回批住汕头永兴街添兴利"的批局章，另盖有醒目的"本局批银免送酒资"的椭圆形印记。① 写批日期为"甲完月十四日"，推断该批的时间为民国廿二年甲戌十二月十四日（1934年1月18日）。

2-12　1935年暹［曼谷］常丰泰信局票根

该票根是泰国华侨李清裕通过该信局寄潮安归湖广銮收的批银，写批日期："民国廿四年十二月陆日"。

保藏参考指数 ☆☆☆☆☆

---

① 批局为了诚信经营，预防分批者向侨属收取"批脚费"，故在封背加盖"本局批银免送酒资"的印记，以提醒收批人，免另付酬劳。

2–13 1933年新加坡郭克正寄潮安凤廊新乡郭才和先生侨批

保藏参考指数 ☆☆☆☆☆

  该批封背盖有"新加坡万益成保家银信"的批局章,由新加坡寄至汕头,盖有1933年的汕头到达戳。

2-14 1934年暹许松潮寄饶平隆都母亲侨批

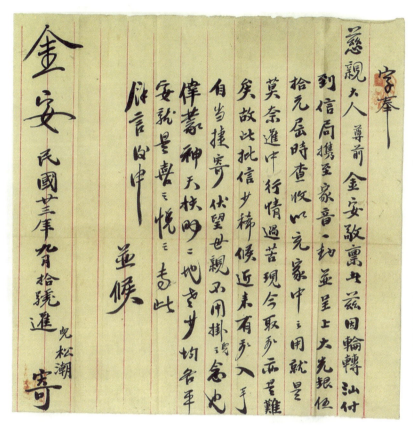

保藏参考指数 ☆☆☆☆☆

该批封是一件"中山先生纪念封",正面左上角印有孙中山像,中间可见"革命尚未成功　同志仍须努力"的名言。写批日期为"民国廿三年九月拾号"。

图2-13、图2-14侨批,品相较好,时代特征明显,而且纪年清晰。

2-15 1935年潮汕佘厝洲母寄安南李宝汉回批

该批封背盖有"汕头有信庄分发"和"安南宽记批局汕头杉排路玉合庄"的批局印章，写批日期为"乙四月初八"，推断该批的时间为民国廿四年乙亥四月初八（1935年5月10日）。

安南寄潮汕侨批较少，回批更少。

保藏参考指数☆☆☆☆☆

2-16 1936年叻舅谢财木寄潮安大和都西郊乡洪惜音甥儿侨批

该批封未见批局印记，从新加坡寄至汕头，盖有1936年4月20日的汕头邮戳。

保藏参考指数☆☆☆☆☆

2-17　1937年叻郑流鸿寄潮安南桂郑记逢先生侨批

该批封背盖有"公发祥公司汇兑信局"的批局章。由新加坡寄至汕头，盖有1937年2月11日的汕头邮戳。

图2-16、图2-17侨批，品相较好，邮戳日期清楚。

保藏参考指数☆☆☆☆☆☆

2-18　1939年潮安鹤巢乡后巷社双亲寄泰国李锦荣回批

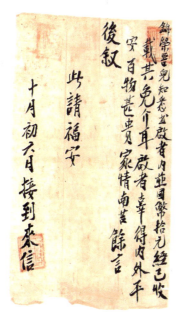
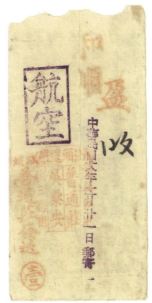

保藏参考指数☆☆☆☆☆

该批封背盖有"汕头暹罗，住永和街普通庄，吴泰安住三聘街"和"汕头普通庄发送"的批局章，并加盖蓝色"航空"两字，写批日期为"中华民国廿八年十一月廿一日"。

2-19 1937年潮安鹤塘乡巷头社儿光裕寄泰国父亲陈运昇回批

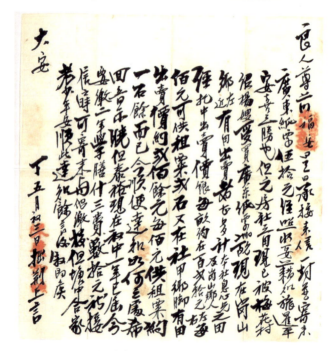

保藏参考指数 ☆☆☆☆☆

该批封背盖有"后沟万兴昌号回批",写批日期为"丁五月初四日",推断该批的时间为民国廿六年丁丑五月初四日(1937年6月13日)。

2-20 1941年潮安鹤塘乡儿光裕寄泰国父亲陈运昇回批

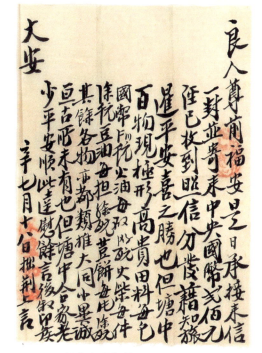

保藏参考指数☆☆☆☆☆☆

该批封背盖有"后沟万兴昌号回批"的批局章,写批日期为"辛七月十八日",推断该批的时间为民国三十年辛巳七月十八日(1941年9月9日)。

图2-18至图2-20均为抗日战争时期从潮安寄泰国的回批,品相较好,纪年清楚,更重要的是内信保存完整。

2–21　1938年暹京许明发信局票根

该票根是泰国潘庆泰寄本邑（饶邑，今澄海）福洋乡妻子的，写批日期为"戊六月十六日"，推断为民国廿七年戊寅①六月十六日（1938年7月13日）。

该票根的顶端写有"前托炮舅代云之事，未知你意如何否？赎园一事银项欠缺若干回示来晓"的文字。票据是批局开给寄批者的汇款凭证，由寄批人收执。有可能与该票列字编号相同的侨批邮途失落，批局以票根代替批信，寄回潮汕。

保藏参考指数☆☆☆☆☆

2–22　1939年万兴昌口信

该口信是泰国金乃文寄本邑（饶邑）后溪（今澄海隆都）继勤的国币，写批日期为"民国廿八年"。

这件口信是泰国寄批者在批局登记寄批人、收批人、银额及地址等基本信息，隆都万兴昌批局依据外洋寄来的"寄批目录"，抄写寄批口信，分发侨属。

保藏参考指数☆☆☆☆☆

---

① 按中国传统纪年，以十天干和十二地支依次相配，每十年出现一个相同的天干。因此，该批可以有三个寄批时间，即：民国戊辰年（1928），戊寅年（1938），戊子年（1948）。结合该票根所寄批款是"国币拾元"，推断戊为戊寅1938年。1935年以前中国法定的流通货币是银圆。1948年以后，国币严重贬值，单封批款往往在几十万、几百万、几千万元以上。

2–23 1939年叻许美馥寄潮安西洋乡张运俊先生侨批

该批封背盖有"新嘉坡万益成保家银信"的批局章,由新加坡寄至汕头,盖有1939年3月2日的汕头邮戳。该批品相及书写美观,纪年清楚。

保藏参考指数☆☆☆☆☆

2–24 1939年暹京许明发信局票根

该票根是泰国许卓峰寄本都(隆都)樟藉(籍)乡双亲的侨批票根,写批日期为"己卯年三月初六日",即民国廿八年己卯三月初六日(1939年4月25日)。

票根的形状可分为长条形和短条形,本图票据属于短条形,短条形票根略少于长条形票根,但内容大同小异。

保藏参考指数☆☆☆☆☆

2-25 1939年泰国吴合聚寄澄海樟林[①]吴锦茂侄妇侨批

该批封背盖有"暹京郑成顺利振记汇兑"的批局章,贴足邮资,销曼谷邮戳后从泰国寄至澄海,写批日期为"民国贰拾捌年(1939)十一月十五日"。

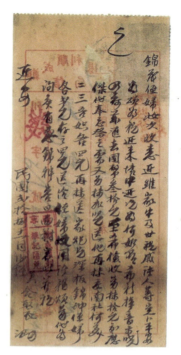

保藏参考指数 ☆☆☆☆☆

2-26 1940年新加坡真义公司汇票

该汇票是真义公司20世纪40年代华侨林攀河汇款给潮汕母亲的。

该汇票寄的是大洋银(即银圆),汇款纪年是"庚辰年十二月初三日",即民国廿九年庚辰十二月初三日(1940年12月31日),此时国内早已流通国币,批款到达汕头后,由有关批局折合汕头通用货币分发侨属。

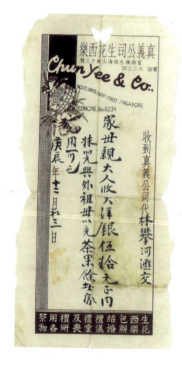

保藏参考指数 ☆☆☆☆☆

---

① 澄海樟林是著名侨乡,也是粤东早期对外的移民港口。清乾隆之后,潮汕地区很多贫苦人在此乘红头船"过番"下南洋。但是,外洋寄樟林的侨批存世不多,而且品相较好、纪年清楚的侨批更少。

2-27　1940年占边［印度尼西亚占碑］丁亚南寄潮安仙田妻子刘氏侨批

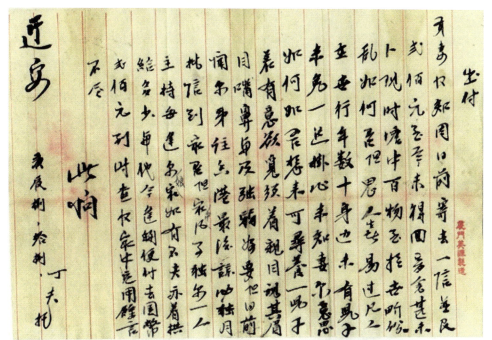

保藏参考指数 ☆☆☆☆☆

该批封背盖有"占碑华侨银行"的收汇章及"祈带旧批向仙田协源号领银"的印记。写批日期为"庚辰年捌月拾捌日"，即民国十九年庚辰八月十八日（1940年9月19日）。

2-28　1941年新加坡郑万道寄潮安五区双亲侨批

该批封背盖有"实叻祥泰隆信局带"的批局章，封面另盖"领银须带旧批"的印章和"中华民国三十年十一月叁拾日转讫"的印记。

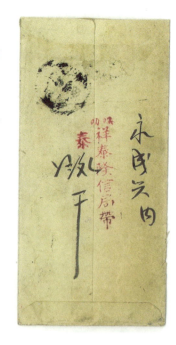

保藏参考指数☆☆☆☆☆☆

2-29　1941年泰国许泽溥寄澄海冠山乡母亲侨批

该批由"陈美盛和记汇兑银信局"收批后，贴足邮资，销1941年9月17日曼谷邮戳，由泰国寄至澄海。

保藏参考指数☆☆☆☆☆

2-30　1941年泰国许泽溥寄澄海冠山乡母亲侨批

保藏参考指数☆☆☆☆☆

该批封背印有"注意，往返批信请勿涉及军事政治致干禁令"的文字。该批是由振盛兴批局专门印制的，批面左下角加盖"泰京三聘　振泰丰银信局"的批局章。批局信息显示：这两家有业务往来的批局，揽收侨批后，贴足邮资，寄曼谷邮局，销1941年1月9日邮戳，由泰国寄至澄海。

2-31　1941年泰国兆杰寄潮安江东张宅双亲侨批

该批封面左下角盖有"暹京黄潮兴汇票印"的印章，贴15士丁邮票，销1941年11月21日的曼谷邮戳，由泰国寄往潮安。

保藏参考指数☆☆☆☆☆

2-32 1941年叻郑木绵寄潮安南桂鲲江乡母亲侨批

该批封背盖有"叻坡祥泰隆信局带"的批局印章,由新加坡寄至潮安,投递批局加盖"西洋彩成领银"的印记,写批日期为"民国三十年十一月七日"。

保藏参考指数 ☆☆☆☆☆

2-33 1941年叻杨森泉寄潮安南桂都鳌头乡陈绿色侨批

该批封背盖有"新加坡洪万成信局,收带银信,保家回唐"的批局章,由新加坡寄至汕头,盖有1941年的汕头到达戳。该批封面加盖"鳌头田□,荣和领银"的提示文字。

保藏参考指数 ☆☆☆☆☆

2-34 1941年暹永振发银信局票根

该票根是泰国许炳寿寄潮阳胜前三房母的批款,批款是储备券350元。写批日期为"民国卅年十一月"。

这件票根在显眼位置印有"注意:快条代信"的字样,其内容是告知收批人,现在处于战争状态,交通不便,批局为适应寄批者的需求,特将此批银先行送交,待批信到达潮汕后,另补送侨属。这种快条代信的票根使用时间极短。

保藏参考指数☆☆☆☆☆

2-35 1941年泰国潘庆泰寄本(隆都)福洋乡妻许氏侨批

该批背面贴15士丁邮票一枚,销曼谷第八邮政局邮戳,由泰国寄至隆都福洋乡。写批日期为"民国叁拾年七月壹日"(1941年7月1日)。

保藏参考指数☆☆☆☆☆

2-36　20世纪40年代泰国陈慈钱寄本都（隆都）后埔乡陈坤海先生侨批

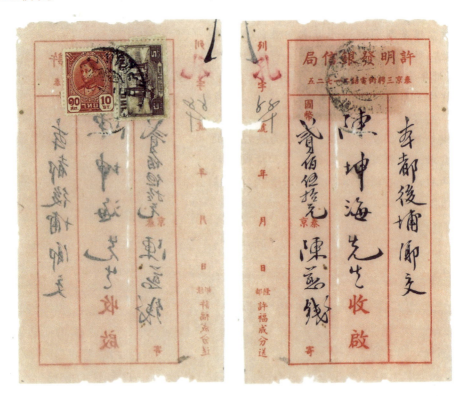

保藏参考指数 ☆☆☆☆☆

该批背面贴15士丁邮票，销曼谷第八邮政局邮戳，由泰国寄至隆都后埔。这是一件纪年缺略的侨批，但从货币、形制等推断，该批寄于20世纪40年代初期。

图2-34至2-36侨批上未见附言，可见侨批并非都是"银信合一"或"银信合封"。

2－37　1942年泰国黄喜龙寄潮安登隆双亲侨批

该批封背盖有"泰京三聘风炉街永成丰银信局"的批局章，贴足邮资，销1942年5月20日的曼谷邮戳，由泰国寄至潮安。潮安投递批局另盖"浮洋李协成代收回批"的印章。

保藏参考指数☆☆☆☆☆

2－38　1942年泰国许炳娥寄饶平隆都慈亲侨批

该批封面盖有"暹京许广和成银信局"的批局章，贴15士丁邮票，销1942年9月11日曼谷邮戳，由泰国寄至饶平隆都。

图2－28至图2－33、图2－37、图2－38均为抗日战争时期的1941—1942年新加坡和泰国寄潮汕侨批，这一时期侨批的款式、印记、邮戳、纪年、内容等，突出了批信的时代特征，反映了真实的历史背景。

保藏参考指数☆☆☆☆☆

99

2-39　1944年香港奎为寄潮汕母亲批信

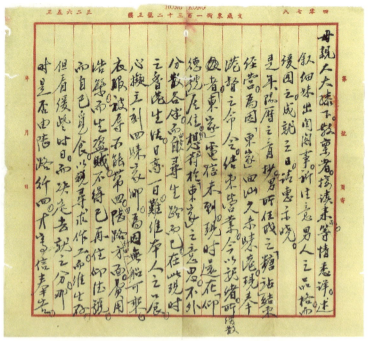

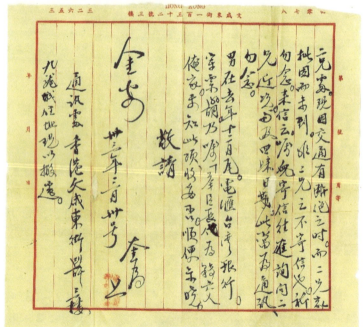

保藏参考指数☆☆☆☆☆

该批信是抗日战争期间，旅居香港的奎为向母亲诉说在港谋生的艰辛，并询问"去年十二月尾电汇台湾银行军票150丹（元）"是否收到。写信日期为"卅三年三月卅号"（1944年3月30日）。批信中提及的军票，是抗战时期日军在中国沦陷区强制发行、强迫老百姓使用的军用手票，侨批实物中极少见。

2-40 1945年叻方源德寄潮安登云都仙庭乡母亲侨批

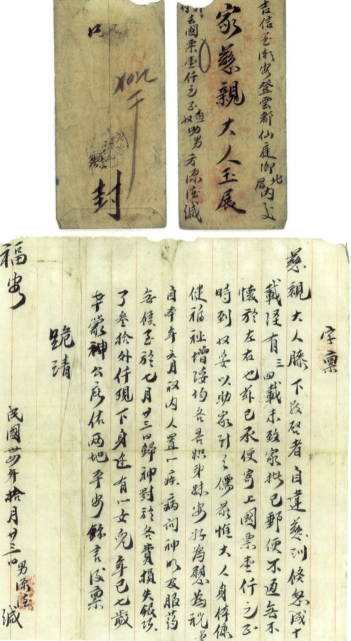

保藏参考指数 ☆☆☆☆☆

该批未见批局痕迹，但封背盖有不清晰的汕头落地戳，批信纪年为"民国卅四年拾月廿三日"。

2-41　1945年泰国郑□昌寄潮安南桂都鲲江乡母亲侨批

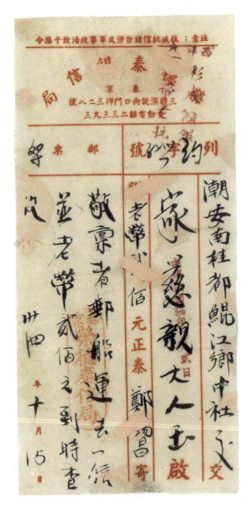

保藏参考指数☆☆☆☆☆☆

　　该批正面盖有"泰京荣德泰信局"的批局章，由泰国寄至潮安，投递批局加盖"西洋彩成领银须带老批"的提示印记。写批日期为"卅四年十月十五日"。

　　图2-40、图2-41是抗日战争胜利后，华侨较早寄至潮安的侨批，但寄于1945年的侨批比较少见。

2-42　20世纪40年代后期潮安大和都王飞泰寄新加坡儿子王希添回批

保藏参考指数☆☆☆☆☆

该回批封背盖有"汕头洪万丰分发""实吻汇通庄批信"和"浮洋李协成庄代理回批"的批局章，另外，还加盖"本局上门分送现款"的批局印记。该回批纪年缺略，但从货币名称和数额中，可推断寄于20世纪40年代后期。

2-43　20世纪40年代后期隆都宅头村楚钦寄新加坡父亲陈成有回批

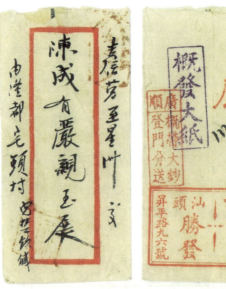

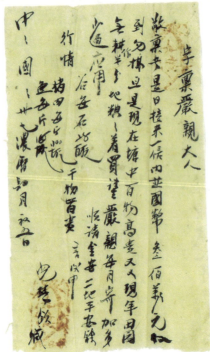

保藏参考指数☆☆☆☆☆

该批封背盖有"实叻裕成利，汕头胜发，升平路九六号"的批局章，另外，还加盖有"广顺概带大钞，登门分送"的广告信息，该回批纪年缺略，推断寄于20世纪40年代后期。

2-44 1946年澄海隆都前溪乡姑母寄新加坡孙儿林思曾①回批

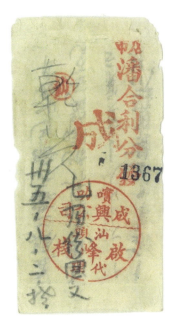

保藏参考指数 ☆☆☆☆☆☆

该回批封背盖有"实叻成兴公司,汕头启峰栈代理"和"店市潘合利分发"的批局印章,写批日期为"卅五年八月二日"。

从回批封背面的批局印章可以看出,该回批的寄递、分发业务由多家批局共同协作完成。

图2-42、图2-43两件回批,其批款均为批局承诺登门分送现款,而图2-27、图2-32、图2-33、图2-53则是侨属亲自到批局指定的地址领取批款。可见,当时批款分发存在两种不同形式,即批局登门分发和侨属亲自到批局领银。

---

① 回批上姑母称呼林思曾为孙儿,而不是侄儿,这种称呼在潮汕非常普遍,也不奇怪,而且看出"姑孙"关系亲昵。而外地人就感觉一头雾水了:"孙儿"是儿子的儿子,应该是祖父母对孙儿的称呼;在潮汕,姑母习惯称呼兄弟的儿子为"孙儿""孙仔",这已是约定俗成了。

2-45　1946年暹京锦城寄潮安南桂横杪乡肖烈照侨批

该批上盖有"暹京三聘南昌隆汇兑银信局"的印章，写批日期为"中华民国卅五年正月廿八号"。

该批是泰国南昌隆批局收批后，缴纳邮资，以侨批总包寄回国内的。

保藏参考指数☆☆☆☆☆

2-46　1946年廷忠寄汕头协成兴批局转泰国张高芝回批

该回批是魏启峰批局与协成兴批局协作收寄的。

回批上盖有"魏启峰回批"的印章，写批日期为"卅伍年柒月廿六日"。

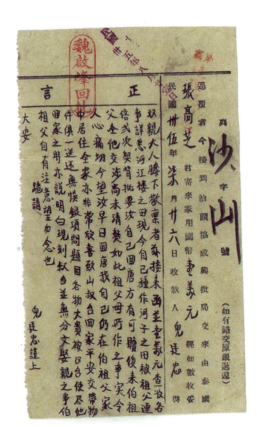

保藏参考指数☆☆☆☆☆

2-47 1947年叻刘四峇寄潮安登隆都云路塘东乡刘捷镇侨批

该批封背盖"新加坡鼎盛信局,专用收批,余事不准"的批局章,由新加坡寄至汕头,盖有1947年的汕头邮戳。

这是一封以楷书书写的侨批,该批结体方正,笔画平直,整齐而不呆板。侨批实物中,以楷书书写的侨批不多。

保藏参考指数☆☆☆☆☆

2-48 1947年暹京刘莲娇寄海邑潮安江东都上龙口乡刘宅母亲侨批

该批封面盖有"泰京许广和成银信局"的批局章,贴足邮资,销票后,由泰国寄至潮安,写批日期为"民国卅六年正月十九日"。

侨批中反映的多为男人出洋谋生、赡养亲人的事例,但该批是女华侨所寄,相对较少。

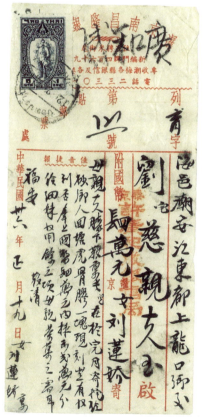

保藏参考指数☆☆☆☆☆

2-49 20世纪40年代后期澄海陈荣明寄新嘉坡林思曾孙儿回批

该回批是收款人陈荣明寄新加坡有信庄批局转交林思曾的,写批日期为"十一月初二日",时间缺略,估计该回批寄于20世纪40年代后期。

保藏参考指数☆☆☆☆☆

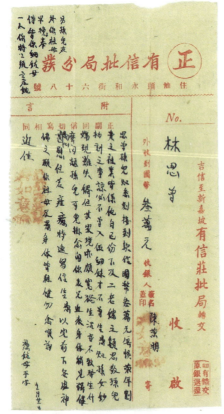

保藏参考指数☆☆☆☆☆

2-50 20世纪40年代后期陈荣明寄新加坡林思曾回批

该回批是潮汕的收款人陈荣明寄新加坡有信庄批局转交林思曾的,写批日期:"十一月廿一日",时间缺略,估计该回批寄于20世纪40年代后期。

图2-49、图2-50是同一收批人在同一年寄给外洋的同一寄批人的回批,而且批款同为三万元。所不同的是,这两件回批的正面右上角均印有一小圆圈,内中各有"正"和"副"字。"正"是表示正回批,"副"是表示副回批。投递批局在分发批款时,往往要求收批人填写一正一副内容相同的回批。如果寄外洋的正回批遗失了,就以副回批补寄,图2-49就是补寄的副回批。

2-51 1947年新加坡郑亚耳寄澄邑樟林余木林侨批

该批封背盖有"新嘉坡鸿生信局，专用收批，余事不准"的批局章，从新加坡寄至汕头，加盖1947年9月8日的汕头邮戳。

保藏参考指数 ☆☆☆☆☆

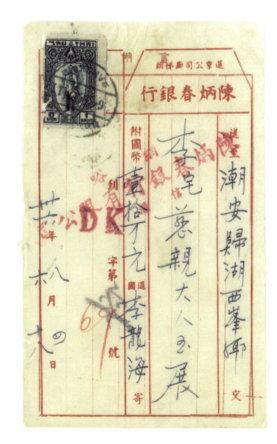

2-52 1947年暹国李龙海寄潮安归湖西峰乡李宅母亲侨批

该批封面盖有"陈炳春银行有限公司"的印记，从泰国寄潮安。写批日期为"卅六年八月四日"。

图2-51、图2-52侨批，品相较好，书写工整，印章、邮戳清晰，纪年明确。

保藏参考指数 ☆☆☆☆☆

2-53 1948年叻陈亦英寄潮安城内县立第一初级中学陈贤时侨批

保藏参考指数 ☆☆☆☆☆

该批封背盖有"星洲永德盛信局带"的批局章及1948年的汕头到达戳。投递批局在封面加盖"祈带旧信为照，或盖印向郡东门永兴街怡芦取银"的提示印章。

2-54　1948年新加坡鸿生庄汇兑信局票根

该票根的批款是华侨郑续举托鸿生庄信局寄至潮汕的，票根正面盖有"新嘉坡鸿生信局专用收批，余事不准"的批局章。写批日期为"民国卅七年一月六日"。

这件票根与20世纪二三十年代的票根在外观上有一定的区别，最明显的是双色印刷和飞机图案。该票根是否经航运的，不得而知，但说明时代在进步，印上广告的运输工具也与时俱进。

保藏参考指数☆☆☆☆☆

2-55　1948年暹陈立裕寄澄海岛门乡陈宅母亲侨批

该批使用"振盛兴汇兑银信局"专用批笺，贴足邮资，销曼谷邮戳后，由泰国寄至汕头，写批日期为"卅七年贰月十六日"。

该批正面，投递批局加盖有"从静分还"四字，提醒分批人勿过分声张，以免招来不便。

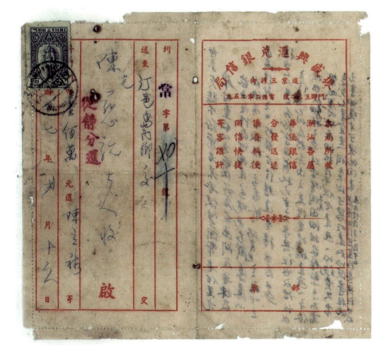

保藏参考指数☆☆☆☆☆

2-56　1948年暹罗陈进权寄潮安官塘儿子陈美孝侨批

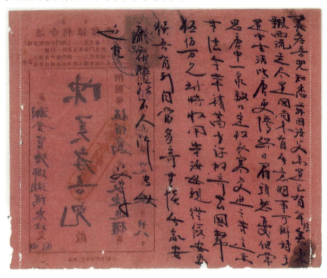

保藏参考指数 ☆☆☆☆☆

该批封面盖有"暹京潘合利银信"的批局章，贴足邮资，销曼谷邮戳后寄至潮安，写批日期为"卅七年五月廿八日"。

2-57　1948年暹京谢锡泉寄海邑井美谢宅母亲侨批

该批正面盖有"暹京振成丰汇兑银信局"的批局章，贴足邮资，销1948年8月30日的曼谷邮戳，寄至潮安。

图2-56、图2-57批款均为国币。图2-56是1948年8月16日国币崩溃之前所寄，当然分发国币。但图2-57的寄批时间是1948年8月30日，此时国币早已停止流通，国民政府发行金圆券。该批款国币一亿二千万元，按当局规定，以金圆券1元折合国币300万元的比率，分发侨属。

保藏参考指数 ☆☆☆☆☆

2-58 1948年暹京林玩真寄澄海樟林乡黄凤阳先生侨批

该批纳足邮资，销1948年9月13日的曼谷邮戳，由泰国寄至汕头，封背盖有"汕头宏通批局"的批局章。

这是一件由泰国"裕兴盛汇兑银信局"收批，"汕头宏通批局"分发的侨批。

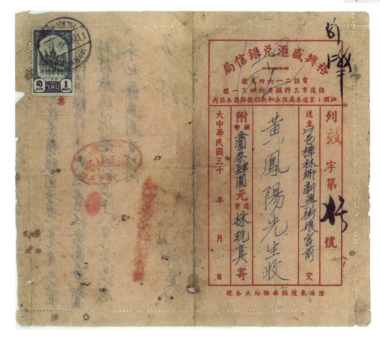

保藏参考指数 ☆☆☆☆☆

2-59 1948年爪哇[印度尼西亚]李芝敏寄澄海莲阳南洋上巷乡母亲侨信

该信贴足邮资，销1948年4月13日印尼邮戳，由印尼寄至广州，销1948年4月19日广州中转戳后寄至汕头，销1948年4月23日汕头邮戳寄至澄海莲阳，销1948年4月24日的广东杜厝到达戳。

这件侨信的邮戳清楚地记录了从印尼寄澄海杜厝的邮程历时12天。侨信与批信承载的历史信息存在相同与不同之处，是研究侨批不可缺少的互补资料。

保藏参考指数 ☆☆☆☆☆

2-60　1948年叻黄琴书寄澄海上外都凤岭乡母亲侨批

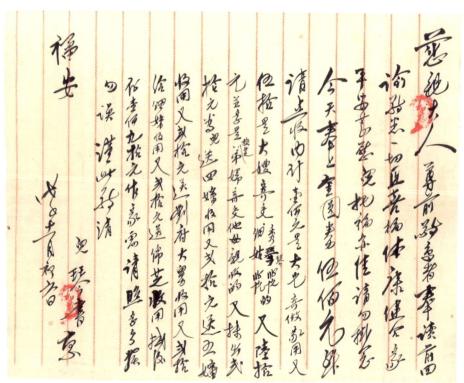

保藏参考指数 ☆☆☆☆☆

　　该批封背盖有"新加坡万和成汇兑信局"的批局章及1948年12月12日的汕头到达邮戳。

2-61　1949年叻庄利名寄潮安江东乡儿子庄贞高侨批

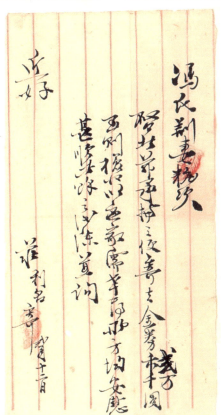

保藏参考指数☆☆☆☆☆☆

该批封背盖有"锡海汇兑信局"的印章及1949年2月20日的汕头到达邮戳。

图2-60、图2-61均为品相较好，内信齐全，纪年清楚的金圆券时期侨批。

2-62　1948年新加坡张居来寄潮安南桂区诗阳乡儿子卓伟侨批

该批未见批局痕迹，但封背另以硬笔书写"此信勿另抄"的文字，由新加坡寄至汕头，盖1948年11月汕头的邮戳。

保藏参考指数☆☆☆☆☆

保藏参考指数☆☆☆☆☆

2-63　1949年新加坡张居来寄潮安南桂区诗阳乡儿子卓伟侨批

该批封背盖有"新加坡光和成汇兑信局"的章，另外，可见以毛笔书写"此信原封寄塘"的醒目文字及1949年2月的汕头邮戳。

图2-62、图2-63均为父亲寄给儿子的侨批，封背着重书写"此信勿另抄""此信原封寄塘"，意在提醒有关批局，切勿另抄批单寄给侨属。可见，华侨虽以银信交寄批局，但批局有时未必以原银信分发，而是另抄一批单发给侨属。其中原因，不得而知。

2-64　1949年叻陈友升寄潮安鳌头洋东乡陈宏松侨批

保藏参考指数 ☆☆☆☆☆☆

该批的批款是"大银肆拾元"。封背盖有"中华民国卅八年五月廿八日邮寄"的文字，由新加坡寄至汕头，盖有1949年6月2日的汕头邮戳。

大银在侨批中，一般指1935年以前银圆时期的货币。但该批的寄批时间是1949年5月28日，此时的法定流通货币是金圆券。由于金圆券急剧贬值，商贸拒绝金圆券，市场复以银圆、港币等交易。这件寄"大银"的侨批正是在此历史背景下寄至潮安的。

2-65　1949年暹京林诚波寄澄海南湾乡林宅何氏二嫂侨批

该批批款是南方人民券五十元，封背盖有"光华兴银信局"的批局章，贴足邮资，销曼谷邮戳后由泰国寄至汕头，盖有1949年11月3日的邮戳。该批经银行结汇后，加盖"中国人民银行侨汇兑讫"的银行印章。

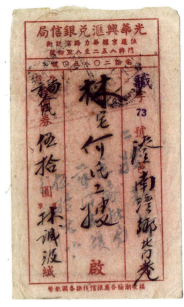

保藏参考指数☆☆☆☆☆

2-66　1949年暹陈锐潮寄饶邑隆都陈宅妻侨批

该批的批款是南方券六十元，封面盖有"松兴泰银信局"的章，贴足邮资，销票后由泰国寄至汕头，盖有1949年11月20日的汕头到达戳。批款经银行结汇后，加盖"汕头中国银行侨汇兑讫"的银行印章。

图2-65、图2-66批款都是在外洋直接寄南方券的。图2-66原是寄

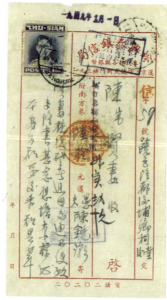

保藏参考指数☆☆☆☆☆

南方券六十元，由于汇率浮动，银行方面在批款处加盖照批面金额加四成的文字章，并书写"升实八千元"，分发侨属。另外，该批收批人地址"饶邑隆都"中的"饶邑"，即"饶平县"，1949年10月25日隆都划归澄海县管辖。

2-67　1949年叻吴继照寄潮安彩塘母亲侨批

该批未见批局印记,盖有1949年12月20日的汕头到达邮戳。批款经银行结汇后,加盖"汕头中国银行,侨汇兑讫,限三天内送到"的银行印章和"港币一元折合南方券十元〇角"的文字章。该批是寄港币二十元,按银行牌价折合南方券二百元。

侨批在外洋直接寄南方券或寄港币折南方券的时间较短,约为1949年10月至1950年1月。

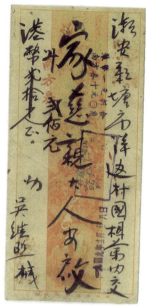

保藏参考指数☆☆☆☆☆

2-68　20世纪50年代占[印度尼西亚占碑]陈琢芝寄潮安南桂都鳌头乡陈桂林先生侨批

该批未见批局印记,由占碑寄至汕头,盖不清晰的汕头邮戳,这件侨批正、背面虽然按银行结汇的常规做法,均盖有侨汇兑讫印章,但应侨属要求,批款没有结汇,而是改为"换发存单"①。

保藏参考指数☆☆☆☆☆

---

① 1950年2月,汕头中国银行为了鼓励侨户存款,推出了"原币存单"业务,侨户如果不愿把侨批款兑换成人民币,便可向银行申请换发成"原币存单"。

2-69 20世纪50年代潮汕孙莲心寄仰光坡［缅甸仰光市］詹希慈回批

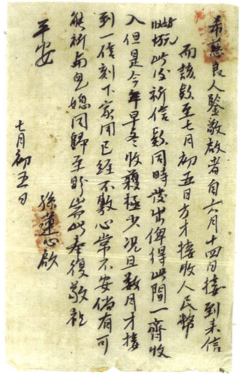

保藏参考指数 ☆☆☆☆☆

该批封背印制有"汕头联丰庄分发，棉安街十四号"的批局名称和地址，以及回批的列字和编号等。

这是一封少见的潮汕寄缅甸仰光回批，纪年虽然缺略，但从信中得知，侨属收到的批款是"人民币247500元"。很明显，这是1955年3月1日之前流通的第一套人民币时期所寄的侨批（第一套人民币与第二套人民币的比率是10000∶1）。因此，结合回批信息，推断该批的写批日期是20世纪50年代初期。

2–70 1950年叻张居来寄潮安诗阳乡张卓伟侨批

该批封背盖有"新加坡洪万成信局收带银信，保家回唐"的批局章及1950年5月17日的汕头邮戳。此时正是抗美援朝时期，侨批工会在该封背盖有"反对美帝武装日本，就要抗美援朝"的宣传口号。

保藏参考指数 ☆☆☆☆☆

2–71 1951年蔴[马来西亚蔴坡]陈杨松寄潮安南桂下鲲江乡张维昌侨批

该批封背盖有不清晰的汕头邮戳及侨批工会加盖的"努力生产，支援前线"的宣传口号，写批日期为1951年5月3日。

保藏参考指数 ☆☆☆☆☆

2-72 1951年叻陈镇强寄潮安南桂母亲侨批

该批封背盖有"新嘉坡裕成利汇兑信局"的批局章及1951年6月11日的汕头邮戳,另外,侨批工会也在该批上加盖"记住八年血海深仇,我们要坚决反对美帝重新武装日本"的宣传口号。

保藏参考指数 ☆☆☆☆☆

2-73 1951年暹罗许泽溥寄澄海冠山乡女儿许毓锦侨批

该批贴足邮资,销曼谷邮戳后寄至汕头,盖有1951年7月16日的汕头邮戳,侨批工会也在侨批正面加盖"抗美援朝,保家卫国,反对美帝武装日本"的宣传口号。

图2-70至图2-73是抗美援朝期间,外洋寄潮汕侨批。1950年6月25日,朝鲜内战爆发,以美国为首的"联合国军"出兵侵略朝鲜,同年10月,中国应朝鲜政府请求,做出"抗美援朝,保家卫国"的决策。为响应政府号召,汕头侨批业工会分别以"侨工六组"和"侨工八组"刻制了几款不同内容的抗美援朝宣传印章,盖于侨批封上。

保藏参考指数 ☆☆☆☆☆

2-74 1951年潮汕张国乐寄马来西亚吉隆坡黄光等先生回批

该回批背面盖有"汕头海平森春庄回批"和"河婆裕华庄代发"的印章,写批日期为1951年10月7日。

为了防止批款错发或被冒领,批局分发批款时,各有各的要求。有的要求侨户领银应带旧批来照,有的要求带私章核对。该回批上盖有"担保店,河婆张三记"的印章,说明侨属领取批款时,须经第三方担保。

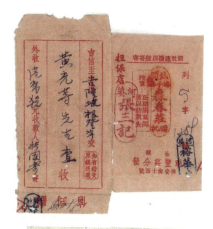

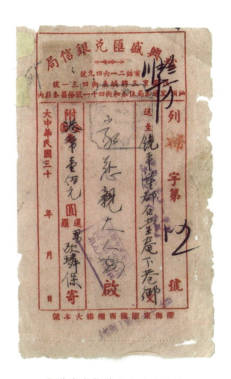

保藏参考指数 ☆☆☆☆☆

2-75 1951年暹罗欧璘保寄澄海隆都母亲侨批

该批贴足邮资,销票后由泰国寄至汕头,盖有1951年8月17日的汕头邮戳。

保藏参考指数 ☆☆☆☆☆

2-76　1951年暹林两恭寄澄邑上外都里美乡母亲侨批

　　该批封背盖有"暹京振丰隆银信局"的印章，贴足邮资，销票后由泰国寄至汕头，盖有1951年9月13日的汕头到达邮戳。

保藏参考指数☆☆☆☆☆☆

2-77　1951年暹京丁陈氏寄潮安县城内丁炎权侨批

　　该批封背盖有"暹罗建益股份有限公司民信部"的批局章。由泰国寄至汕头，盖有1951年10月5日的汕头到达戳，正面另盖"非常时期请勿附言"的文字章。

保藏参考指数☆☆☆☆☆☆

2-78 1952年泰国余锡科寄澄海莲阳祖母侨批

该批未见批局章或贴票的痕迹，泰国寄至汕头，盖有1952年4月25日的汕头邮戳，侨批正面下方印有"便利递寄 请勿附言"的文字。

图2-75至图2-78均为有银无信的侨批。

保藏参考指数☆☆☆☆☆

2-79 1952年香[香港]高德能寄澄海上华区横陇乡高永彭先生侨批

该批封背盖有"信孚批局"的印章，由香港寄至汕头，纪年为1952年5月26日。

保藏参考指数☆☆☆☆☆

2-80 1952年叻陈锡渠寄潮安南桂区鳌头乡陈七弟侨批

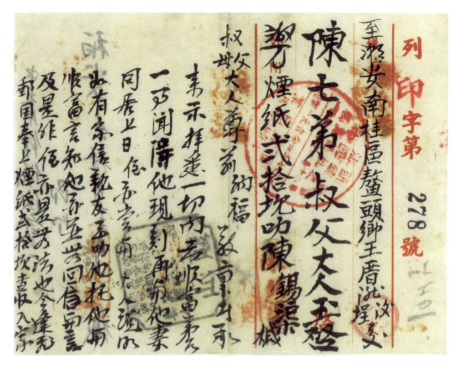

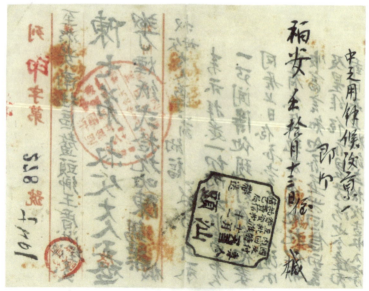

保藏参考指数☆☆☆☆☆

　　批款是"烟纸贰拾块"（即20元，暗语，详见第143页解释），由新加坡寄至汕头，该批的背面盖有1952年12月11日的汕头邮戳，封面另盖汕头中国银行的批款结汇章。

2-81　1953年新加坡陈壁全寄潮安南桂儒士乡儿子陈楚能侨批

该批封背盖有"新嘉坡裕成利汇兑信局"的批局章，由新加坡寄至汕头，盖有1953年1月26日的汕头邮戳。

图2-79至图2-81品相较好，字体工整，纪年明确。

保藏参考指数☆☆☆☆☆

2-82　1953年捷成侨汇批信局侨批通知书

该通知书是新加坡陈英达寄潮安官塘陈卓彦的，批款是港币伍拾元，通知书的正面除了盖有汕头中国银行的结汇章外，还盖有1953年9月23日的汕头邮戳。

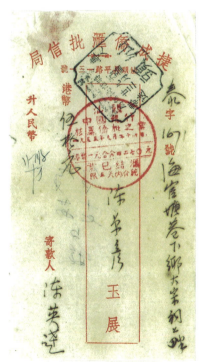

保藏参考指数☆☆☆☆☆

2-83　1953年新加坡陈英达寄潮安官塘陈卓彦侨信

保藏参考指数☆☆☆☆

　　该侨信贴足邮资，销1953年9月17日的新加坡邮戳，由新加坡寄至广东潮州，盖有1953年9月23日的广东潮州邮戳及1953年9月24日的广东潮安官塘到达戳。

2-84　1953年洪万丰批局侨批通知书

　　该通知书是华侨陈淡叶寄潮安大龙坑乡郭明彬的，批款是港币五十元，通知书正面盖有汕头中国银行的结汇章和1953年10月13日的汕头邮戳。

保藏参考指数☆☆☆☆

2-85 1954年新加坡陈寄潮安第四区官塘陈卓彦侨信

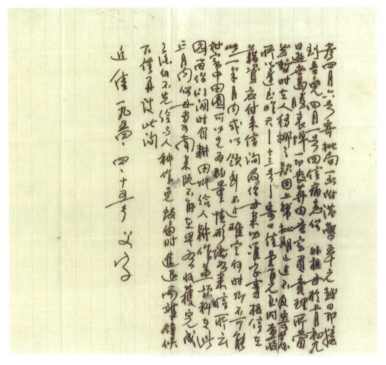

保藏参考指数 ☆☆☆☆☆

该侨信贴票后,销1954年4月15日的新加坡邮戳。由新加坡寄至潮安,盖有1954年4月21日的广东潮安官塘到达戳。侨信中还提醒侨属:"昨天——十三号——寄口信壹百元,至时查收。"

图2-82、图2-83均为华侨陈英达寄儿子陈卓彦的侨批通知书和侨信。陈英达的寄批方式往往只向批局寄"口信",也就是说,批局为寄"口信"者登记寄批人、收批人及银额、地址、姓名、日期等基本信息,然后将寄批目录寄至汕头的联号批局,汕头批局依据外洋寄批目录抄写一侨批通知书(如图2-82、图2-86)分发侨属。这种侨批通知书没有只字附言,也就是说,只有银没有信。另外,华侨陈英达再通过邮政寄上一信(如图2-83至图2-85),略述寄批过程及家庭情况。这种寄批方式是银、信分开寄,并非"银信合一"或"银信合封"。

2-86 1954年捷成侨汇批信局侨批通知书

该通知书是新加坡陈坤发寄潮安官塘陈卓彦的,批款是港币一百元,通知书正面盖有汕头中国银行的结汇章和1954年4月20日的汕头邮戳。

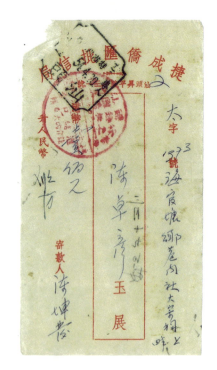

保藏参考指数 ☆☆☆☆☆

保藏参考指数 ☆☆☆☆☆

2-87 1954年越南黄宋彬寄澄海上外都母亲侨批通知书

该通知书批款是港币四十元。通知书正面印有收款人复信时应注意的事项,为了回批便于寄递分发,批局又加盖了"回批时照批面的寄款人和收款人填写,切不要用其他各字代替"的文字章,作为对写回批注意事项的补充,批款经汕头中国银行结汇后,分发侨属,邮戳纪年是1954年10月20日。

图2-82、2-84、2-86是三件内容较为相似的侨批通知书,均为汕头投递批局按照寄批目录抄录分发的,其共同之处是"有银无信"。

2–88 1954年叻刘洽镇寄潮安登隆乡慈亲侨批

该批封背盖有不清晰的批局章，由新加坡寄至汕头，盖有1954年的汕头邮戳。这是一件经汕头海关拆封检查的侨批，加盖"汕头驻邮局办事处，验讫放行"的椭圆形印章。

保藏参考指数 ☆☆☆☆☆

2–89 1954年泰国刘道楫寄澄海上中区山迹乡陈映怀先生侨批

该批贴足邮票，销曼谷邮戳寄至汕头，盖有1954年1月20日的汕头邮戳。

保藏参考指数 ☆☆☆☆☆

2-90　1955年印尼占碑蔡潮金寄潮安江东都上水头乡儿子蔡社谋侨批

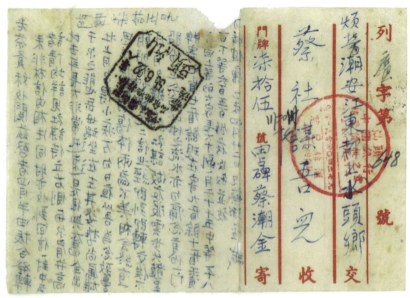

保藏参考指数 ☆☆☆☆☆

该批的批款是"门牌柒拾伍号"（即75元），由印尼寄至汕头，加盖1955年6月22日的汕头邮戳和汕头中国银行的批款结汇章。

2-91　1956年香港吴仁周寄澄海樟林陈锦标先生侨批

该批封背盖有"正记批局"的印章，由香港寄至汕头，盖有1956年1月27日的汕头邮戳。

图2-88至图2-91品相较好，印记齐全，时间清晰。

保藏参考指数 ☆☆☆☆☆

2-92　1955、1957、1958年叻郑奕江寄汕头市儿子郑万里侨批

保藏参考指数 ☆☆☆☆☆

这是华侨郑奕江分别于1955年、1957年、1958年寄给汕头市金山中学、汕头华侨中学、汕头第一高级中学郑万里的侨批。

这三件侨批，均为父亲寄给儿子在汕头不同学校的侨批，很明显，批款均用于儿子的学习费用，这是华侨重视教育的佐证。

2-93 1956年新加坡洪树锦寄潮安江东都红砂乡妻子翁得心侨批

该批的批款是"饼干伍拾块"（即50元），由新加坡寄至汕头，盖有1956年4月16日的汕头邮戳和汕头中国银行批款结汇章。

保藏参考指数☆☆☆☆☆

2-94 1957年寮国［老挝］传合寄潮安韩溪黄锦河先生侨批

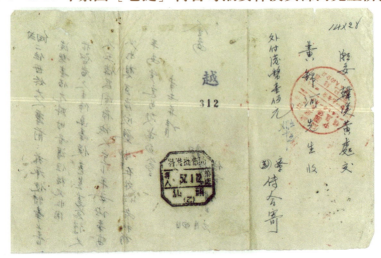

保藏参考指数☆☆☆☆☆

该批未见批局印章，只盖有汕头中国银行的结汇章和1957年1月12日的汕头邮戳。

老挝寄潮汕侨批，不论民国时期还是20世纪50年代，都属少见。

2-95 1958年泰国悦德寄潮安五区林龙德侨批

该批从泰国寄至汕头，盖有1958年7月29日的汕头邮戳，批款经"汕头陈四兴侨批局"结汇后，分发侨属。

这是一件"永顺成银信局"收寄，汕头陈四兴批局结汇的侨批。虽然这种由批局结汇的侨批存世时间极短，但是它反映了政府对侨批局的信任。

保藏参考指数☆☆☆☆☆

2-96 1964年叻吴鸿吉寄揭邑地都林吴信甥儿侨批

该批封面盖有1964年3月23日的汕头邮戳，封背加贴一纸给"侨眷归侨们"的通知单，其内容是告知侨眷，化肥特种存款领取本息的具体办法。

1958年，我国粮食、化肥等物资紧缺，为鼓励华侨多寄化肥，政府出台"化肥特种存款"业务，这项业务得到了华侨的积极响应，他们纷纷购买化肥，寄回国内，支援农业生产。

保藏参考指数☆☆☆☆☆

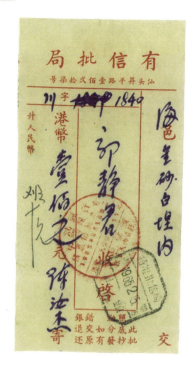

2-97 1965年有信批局侨批通知书

该通知书是华侨陈汝杰寄潮安金砂郭静君的,批款是港币一百元。与图2-84一样,也盖有银行结汇章,并加盖1965年2月15日的汕头邮戳,通知书下边还印有"此批照底抄泐分发,如有错交原银退还"的文字。

保藏参考指数 ☆☆☆☆

2-98 1968年柬埔寨许巧音寄潮安县江东都儿子庄泽聪侨批

保藏参考指数 ☆☆☆☆☆

该批由柬埔寨寄至汕头,批面盖有1968年1月19日的汕头侨汇业结汇证明章。

柬埔寨寄潮汕侨批,从民国至新中国成立后,都较为少见。

2-99　1969年外洋黄经福寄潮阳关埠黄炳辉侨批通知书

该通知书是汕头侨汇业抄写、结汇后，加盖1969年10月28日的汕头侨汇业结汇证明章，分发侨属。

保藏参考指数☆☆☆☆☆

2-100　1970年泰国杜洽勋寄澄海莲阳乡杜宅母亲侨批

保藏参考指数☆☆☆☆☆

该批封背盖有"崇峻信局有限公司"的批局章，贴足邮资，销曼谷邮戳后，寄至汕头，加盖1970年2月18日的汕头侨汇业结汇证明章。

20世纪70年代的泰国寄潮汕侨批，均按总包重量计算邮资，应纳总额显示于总包上。本图侨批是单独贴票、盖销，较为少见。

保藏参考指数 ☆☆☆☆☆

2-101　1970年外洋方思通寄普县城内方典胞侨批通知书

该通知书经汕头侨汇业抄写、结汇后，加盖1970年3月18日的汕头侨汇业结汇证明章，分发侨属。上印"最高指示"（毛主席语录）。

2-102　1971年陈德礼寄潮安县鳌头乡郑惜春侨批

外洋陈德礼寄潮安鳌头郑惜春侨批。该批的批款是"车针100支"（即100元），由外洋寄至汕头，盖有1971年1月5日的汕头侨汇业结汇证明章。

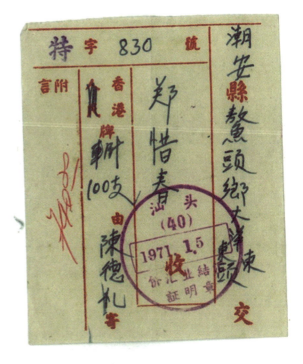

保藏参考指数 ☆☆☆☆☆

2-103　1973年外洋黄汉武寄海县（潮安）江东区仙洲乡黄汉忠侨批通知书

该通知书经汕头侨批业抄写，结汇后，加盖1973年1月9日的汕头侨批业结汇专用章，分发侨属。上印毛主席语录。

保藏参考指数☆☆☆☆☆☆

2-104　1973年外洋许旭升寄澄海隆都前浦乡许铭瑜侨批通知书

该通知书经汕头批业抄写、结汇后，盖1973年9月11日的汕头侨批业结汇专用章，分发侨属。

图2-99、图2-101至图2-104中有1969—1973年汕头侨汇业和侨批业从侨批目录中抄发的通知书，该通知书是以"最高指示"与"毛主席语录"为题材预印的，通知书的下方还印有"此批按照目录抄发，如有错交原银退还"的提示文字，说明通知书的出处和要求。

保藏参考指数☆☆☆☆☆☆

2-105　1972年外洋郭先仪寄潮安庵埠郭陇乡慈亲侨批

该批的批款是"花布三尺"（即300元），由外洋寄至汕头，盖有1972年2月11日的汕头侨汇业结汇证明章。

保藏参考指数☆☆☆☆☆

2-106　1972年外洋李烈香寄揭阳西外潭前蔡乡妹蔡荣莲侨批

该批的批款是"港九贰百斤"（即200元），该批盖有1972年11月28日的汕头侨汇业结汇证明章。

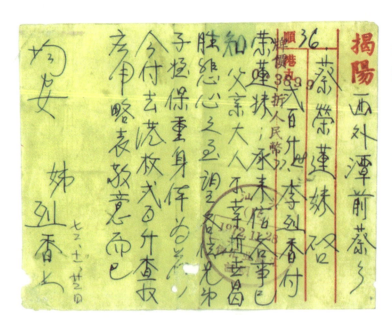

保藏参考指数☆☆☆☆☆

2-107 1973年陈德礼寄潮安县鳌头乡母亲郑惜春侨批

外洋陈德礼寄潮安县鳌头乡郑惜春侨批。该批的批款是"香港牌粉袋180个"（即180元），由外洋寄至汕头，盖有1973年1月23日的汕头侨批业结汇专用章。

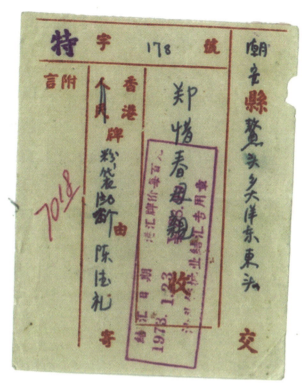

保藏参考指数☆☆☆☆☆

2-108 1973年陈德礼寄潮安鳌头乡郑惜春侨批

外洋陈德礼寄潮安县鳌头乡郑惜春侨批。该批的批款是"香港牌花油60安"（即60元），由外洋寄至汕头，盖有1973年9月20日的汕头侨批业结汇专用章。

保藏参考指数☆☆☆☆☆

2-109　1973年陈德礼寄潮安县鳌头乡郑惜春侨批

该批的批款是"香港牌煤炭60斤"（即60元），由外洋寄至汕头，盖有1973年11月21日的汕头侨批业结汇专用章。

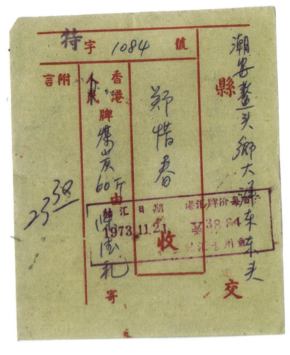

保藏参考指数☆☆☆☆☆

2-110　1973年陈德礼寄潮安县鳌头乡郑惜春侨批

该批批款是"香港牌鸡蛋60立（粒）"（即60元），由外洋寄至汕头，盖有1973年12月26日的汕头侨批业结汇专用章。

保藏参考指数☆☆☆☆☆

2-111　1980年泰国怡荣寄海邑（潮安）江东都井美乡儿女刘赤洋、刘又珍侨批

该批的批款是"地瓜四佰斤"（即400元），由泰国寄至汕头，盖有1980年11月24日的汕头中国银行侨汇专用章。

保藏参考指数☆☆☆☆☆☆

2-112　1984年泰国刘照洲寄潮安邑磷溪乡儿子刘福裕侨批

该批的批款是"港米肆百斤"（即400元），由泰国寄至汕头，盖有1984年2月21日的汕头中国银行侨汇专用章。

图2-80、图2-90、图2-93、图2-102及图2-105至图2-112是20世纪50年代至80年代，华侨寄批时使用12种不同名称来代替批款数额的暗语①。

保藏参考指数☆☆☆☆☆

---

① 此类侨批被称为暗语批。新中国成立后，东南亚各国限制华侨寄钱回家，或严格规定每月寄钱的数额，为了应对当地政府苛刻的规定，国内外批局为此商议了诸多应对办法，采用暗语寄批，便是策略之一。如当时汕头有关批局印发的"写批注意"小字条，贴于侨批背面，指导侨属写回批要注意的事项："回批切勿写寄款人地址及批局名称，也勿写收到港币和人民币，可用米、麦、糖、油、豆、番薯、田料等名词代替。"一些华侨受批局启发，另拟名称作为寄批代用词，想方设法，多寄批款。

2-113 1982年外洋张梨娟寄潮安东凤张来炎胞兄侨批

该批的批款是人民币伍拾元,由于批款是直接寄人民币的,因此就不用银行结汇了。封背另印有中国银行的提示信息,该批纪年是1982年1月5日。

保藏参考指数☆☆☆☆☆

2-114 1985年外洋郑秋明寄汕头市东凤乡母亲侨批

该批的批款是人民币五十元,与图2-113一样,无须银行结汇,封背也同样印有中国银行的提示文字,该批纪年是1985年3月15日。

图2-113、图2-114,是中国银行接手侨批业后,为逐步完善服务质量,而在侨批封背印"敬启者"的提示文字,以提醒侨属收批后应注意的事项。

新中国成立后至20世纪70年代初期,侨批款基本以港币寄入国内结汇,分发人民币。1973年,根据国务院规定,侨批业归口中国银行,侨批中才陆续出现以人民币作为批款寄批。

保藏参考指数☆☆☆☆☆

僑批檔案圖鑒

第三章

引 言

本章收录了 20 世纪 20 年代至 2010 年的 135 件侨批档案。相对于第二章（二级）而言，本章各侨批原件品相、戳记、印章、纪年及家书内容等都比较逊色。本章例图的一些侨批，原可达到二级的，但因其残缺和印记不清晰，而列为三级侨批。三级侨批中，除了对红条封、山水封、批局预印封等进行对比、说明外，还根据实际需要，选录了部分侨批内信做分析和评级。

在侨乡征集侨批的过程中，经常遇到一个问题，那就是只有内信而没有批封的批信，数量有几十件至几百件不等，均为内信，大多保存较好，有的整齐叠放，扎成一捆一捆的，也有的用纸包成若干包，可以看出主人对批信的用心呵护。那为什么不见这些批信的批封呢？经走访调查发现，原因时常是人为造成的。有一些侨属担心批封上面的地址、姓名被别有用心的人利用，对国内外亲人产生不良影响而销毁批封，只存批信；也有的侨属认为批信是亲人的私人信件，有些事不宜公开，惟恐被人知道，成为话柄而烧掉批信，仅存批封。正是由于各种顾虑，造成了不少有信无封、有封无信的侨批。从某种意义上说，仅存的批信或批封，也是一件侨批。如图 3 - 13 至图 3 - 16，就是抗战期间的侨批内信，记录了潮汕遭受日本飞机轰炸及铁蹄下人民的悲惨遭遇，诠释了"落后就要挨打"的道理。这类沦陷时期的批信，往往叙述字数较短，但意义重大。图 3 - 11、图 3 - 12、图 3 - 19、图 3 - 20、图 3 - 23、图 3 - 24 同样也是没有批封的批信，其被选录为三级侨批的理由是书写美观，通过不同写批人书写的楷书、行楷等书法，反映写批人的个性及特点，突出了侨批书写的自然、活泼，既有批信的特征与时代背景，又有轻松、随意且又不失章法的侨批书法艺术。

批信中，可分为自写批和代写批。自写批者，又应分两类，一类是华侨识字不多又付不起代费，而勉强为之。这类批信颠三倒四，杂乱无章，错别字、异体字、同音字、方言词等夹杂其中，虽混乱但颇具特色。另一类是书写者有一定的知识及书法基础，从旅外谋生之日起，他所看到、听到、亲身经历的人生百态、谋生艰辛都写入批信中。这类批信不仅书写美观，而且内容丰富，是难得的草根文献。代写批，顾名思义就是请别人代为书写的侨批。其中有亲朋代写的，也有专业代书人代写的。如果是专业代书人代写，批信往往条理清楚，文句通顺，而且批信的称呼、敬辞、抬头、分行、结尾、署名、纪年等写得较为规范。美中不足的是，这类批信常常平铺直叙，缺乏华侨亲身的情感宣泄和具体生活细节。因此，也说明一个道理：没有一封批信的内容是完美的，所谓的"好"只是相对而言的。这正是侨批档案耐人寻味的地方。

批款名称也是值得研究的重要课题，如20世纪50至70年代的批款，基本上是以港币寄批，通过汕头中国银行等金融机构结汇后分发人民币，这是通常的操作方法。可是20世纪50年代的个别侨批封还是写着"外付大银××元"。"大银"是1935年以前的银圆时期人们对重量足、成色高的银圆的通俗称呼。新中国成立后，人民政府禁止银圆流通，人民币是唯一的法定货币。这时侨批偶尔还写有寄"大银"的，可理解为华侨对所寄货币的习惯称呼。但本章列举的多件20世纪50年代的侨批，其批款名称又与该时期批款皆寄港币的规定背道而驰。如图3-28，新加坡寄潮安的三件同户侨批，寄批时间是1952至1958年，这一时期的批款是寄港币折人民币的，但是这三件侨批均寄"洋银"。洋银是银圆时期商民对外国银币的称呼，其主要有墨西哥、美国、英国、日本等国发行的银圆，因其成色与重量皆足，在市场交易中享有较好的口碑，故华侨时常以"洋银"寄批。但20世纪50年代批款寄"洋银"，的确不符合当时的规定，这里写的洋银是否指的是新加坡币？还有待进一步考证。但可以肯定的是，寄"洋银"侨属同样可经结汇领到批款。

与寄洋银不同的是寄批的凭据——侨批通知书，同样也是组成侨批档案不可缺少的一部分。20世纪20至70年代的同户侨批中，往往夹杂或多或少的侨批通知书，各时期和各批局分发的通知书，形制、规格均有不同。20世纪20至40年代的通知书，往往少有规格印刷，大多为一小巴掌大小的长方形或不规则形的纸张，上面抄写寄批人、收批人、地址及批款数额，纪年和列字编号，盖上批局印章后分发侨户。1950年以后，大多数通知书印制较为规范了，不仅美观，而且将批局名称、地址也印上，使收批人一目了然，有的批局还对分发的通知书做了说明，如图3-42，汕头悦记批局分发的通知书，在正面印有："注意，原批邮途未到，抄录先还批银"。如图3-43，有信批局也在通知书印上"此批照底抄泐分发，如有错交原银退还"的文字，既向侨户说明通知书的出处，又申明批款"如有错交，"必须"原银退还"的原则。

1973年，遵照国务院指示，侨批业对外业务联系，统一以"汕头侨批服务社"的名义对外开展侨汇工作。如图3-45，就是汕头侨批服务社统一印制的侨批通知书，该通知书除了沿用传统的模式之外，也印有通知书的来历及预防措施，内容是"此批按照目录抄发，如有错交原银退还"的郑重说明。与前面列举的通知书有所不同的是，该批"附言"一栏，均为华侨抄写一句话或一段文字，体现了侨批服务社人性化服务，不仅抄发批款，而且不厌其烦，为华侨传递急需吩咐的信息。

或许对侨批产生兴趣的读者会问：近年外洋还寄不寄侨批？是通过什么途径寄回故乡的？我可以肯定地回答：有。笔者曾收集到年代新近的侨批，那就是本章最后选录的2009和2010年的侨批。如图3-53，外洋陈秀枝寄潮安铁铺陈林雄侨批，这四件寄自外洋的侨批，外观还是保留了20世纪60年代以后批局印制的薄纸折批形式，有列字和编号，但折批未见金融机构或经办人的印记，批信内容除了祝颂问安外，主要说明批款是年关祭拜祖先的专款。该批有可能通过某私人钱庄或旅行社收寄，批款的分发定比以前更便捷了，但寄于近年的侨批，已极为少见，可说是凤毛麟角了。

本章的侨批档案从品相、内容都与第二章的有所区别，最为明显的是民国时期的侨批，每一件均有不同程度的瑕疵。如本章开头的红条封、山水封就是专门挑选有不同程度的破损批封来作为范例说明的，这些批封皆为民国时期的早中期侨批，如果品相较好，印记清晰，批信皆有，那就达到一、二级的标准了。又如图3-5和图3-6侨批，是天成批局专用侨批封，类似这样的批局预印封及其内容是很少见的，本可列为一级侨批，但由于残破，导致个别字体模糊，更致命的是，所贴的邮票已被撕去，不仅残缺，而且使盖销邮戳内容无法辨认。仅凭这一点，其等级就已大打折扣了。需要说明的是，贴于侨批上的邮票，不论人为、虫害致其残缺或者整枚邮票脱离、无法复原的，该批就被视为残损侨批。本章选录的天成批局预印侨批，正是由于残损而列为三级侨批。而图3-10至图3-15、图3-17至图3-19、图3-20、图3-23和图3-24的无封套批信，则是由于所谓的隐私，侨属故意销毁批封而保留了批信。相比于批信，侨批通知书则大多数是有银无信，它是按照侨批目录抄写华侨的寄批信息分发侨属。通知书虽为国内抄录分发，也是华侨寄批的凭证，它与侨批、侨信、批封、批信一样是侨批档案中的重要元素，也是三级侨批所具备的基本条件。

3–1 20世纪20年代暹[泰国]林大牛寄饶平隆都前陇乡林宅母亲侨批

封背盖有"饶邑前埔,许泰万昌,保家银信,不准别用"的批局印章。写批日期:"乙十二月初七日",推断为民国十四年乙丑十二月初七日(1926年1月20日)。

该批是一件20世纪20年代中期红条封,内信齐全,书写美观。但由于保存不当,红条褪色,批封残缺,故列为三级侨批。

保藏参考指数:☆☆☆☆

3–2 20世纪20年代泰国萧友寄澄海樟东张锦海侨批

该批封背盖有"成合昌信局"的批局章和"银向东里鱼行街连丰取"的批款领取通知印记。

该批从泰国寄汕头后,加盖汕头落地戳,日期虽不清楚,但从批款"英洋"及其形制,推断该批寄于20世纪20年代。由于批封字迹磨损,边缘和中间残缺,故列为三级侨批。

保藏参考指数:☆☆☆☆

3-3　20世纪20年代外洋寄普宁、澄海侨批

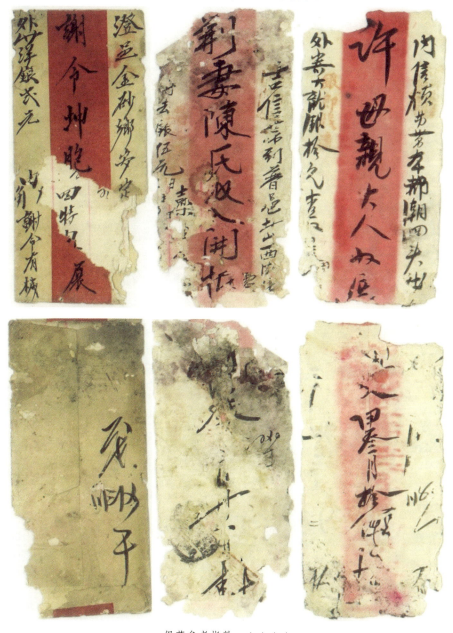

保藏参考指数：☆☆☆☆

这是三件银圆时期的"红条封"，从批款的"洋银""大银""大龙银"及其印记等信息，推断这组侨批寄于20世纪20年代。

三件侨批虽是银圆时期的，但均有不同程度破损。

3-4 20世纪20年代泰国华侨寄潮安、饶邑侨批

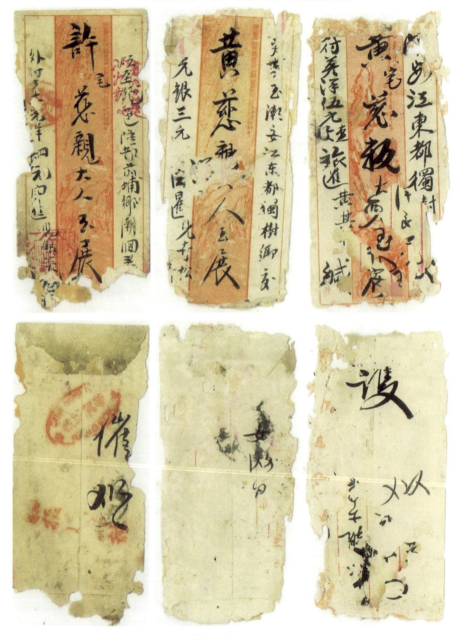

保藏参考指数：☆☆☆

这三件"山水封"，从批款寄"英洋""光银""大光洋"等货币名称及其形制，推断寄于20世纪20年代中后期。

此三件民国早期"山水封"，均有破损，故列为三级侨批。

3-5 20世纪30年代初印度尼西亚潘尹珊寄潮安金石西林潘乡小儿国奎侨批

封背盖有"汕头恒记"的批局章和"天成号批"的印记,从印尼寄汕头转潮安,批款是"银20元"。

保藏参考指数:☆☆☆☆

3-6 20世纪30年代初印度尼西亚尹珊寄潮安金石西林潘乡潘庆奎长男侨批

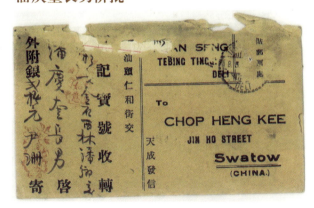

封背、批款与图3-5一样。

图3-5、图3-6同是印尼潘尹珊于20世纪30年代初寄潮安的侨批,两件侨批皆使用天成批局的预印批封,这种形制的批封较为少见。遗憾的是,封面所贴的邮票均已脱落,造成批封残缺。

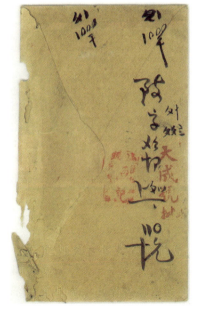

保藏参考指数:☆☆☆☆

3-7 20世纪30—40年代叻、泰国寄潮安、澄海侨批

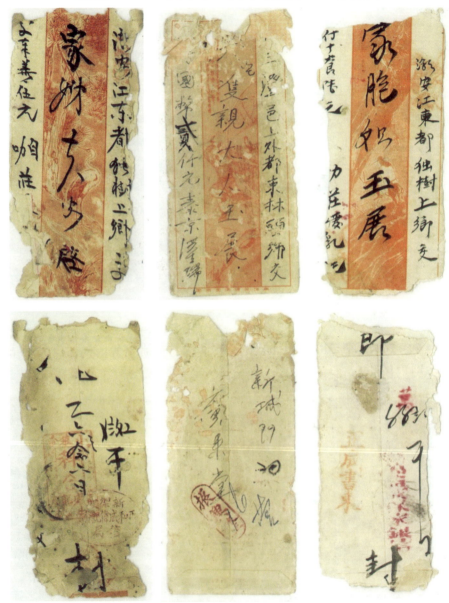

保藏参考指数：☆☆☆☆

这是三件民国时期的"山水封"，其批款有的寄"大银"，有的寄国币，寄批时间跨度较长，约为20世纪30—40年代。

该组侨批虽寄于民国时期，但均有破损，故列为三级侨批。

3-8 20世纪30年代泰国寄澄海、饶平母亲侨批

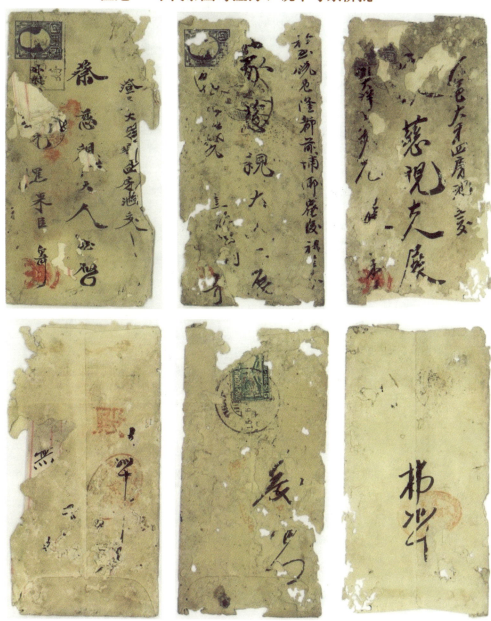

保藏参考指数：☆☆☆☆

  这三件是20世纪30年代泰国寄潮汕的邮资封，15士丁邮资封使用时间较短，约十年时间。在征集的侨批中，邮资封发现较少，但由于批封残破，故列为三级侨批。

3-9　1940年泰国华侨寄饶平隆都后溪乡祖母侨批

保藏参考指数：☆☆☆☆

这两件是1940年从泰国寄隆都的邮资封。

10士丁邮资加贴5士丁邮票的侨批，存世数量比图3-8的15士丁邮资封更少，但这两件侨批均有不同程度的蛀蚀，故列为三级侨批。

3-10　1930年新加坡福林寄潮安双亲批信

保藏参考指数：☆☆☆☆

信中儿子禀告双亲"叻中各行生理俱败，欲寻机会或欲作小生理亦是甚难"。从文字中，看到了外洋谋生的不易，但华侨还是尽力寄批，赡养亲人。写批日期："庚八月初三日"，推断为民国十九年庚午八月初三日（1930年9月24日）。

这是一件只有批信，没有批封的侨批，由于人为销毁或鼠虫蛀咬，失去批封，只留批信。

3-11 1937年新加坡寄潮汕母亲批信

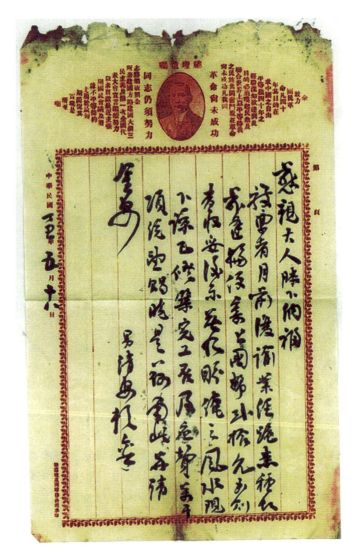

保藏参考指数：☆☆☆☆

　　这是一件以行书写的批信，字数不多，但言简意赅，行笔自然，从容随意，点画之间显示了写批人扎实的基本功，是一件难得的侨批书法作品，写批日期是"丁丑年五月十八日"。

3-12　1938年外洋树深寄潮汕三姆母批信

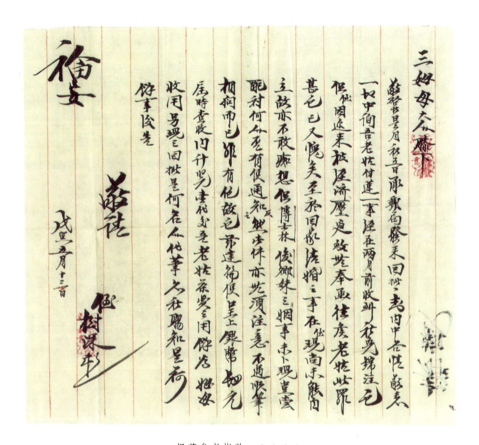

保藏参考指数：☆☆☆☆

这是一件以行楷书写的批信，字体端庄、稳重，点画严谨、潇洒，为阅读者带来美的享受，写批日期是"戊寅五月十三日"。

图3-12、图3-13是两件只有批信、没有封套的侨批，因其书写美观，纪年明确而入选保藏。

3-13　1938年泰国婶母寄潮汕侄儿阿锁批信

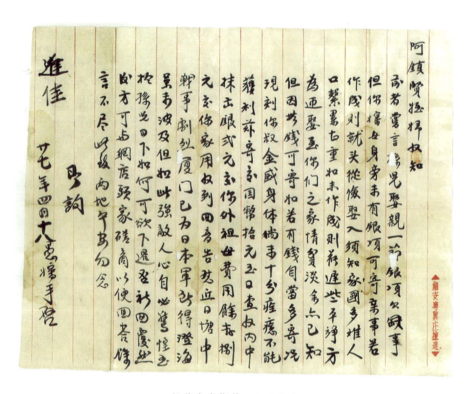

保藏参考指数：☆☆☆☆

这是一件寄于抗战时期的侨批内信，信中讲述了旅外华侨对祖国遭受侵略的担忧："近日塘中战事剧烈，厦门已为日本军所得，澄海虽未波及，但如此强敌，人心自必惊惶。"写批日期是"廿七年四月十八日"。

3-14　1938年外洋梅銮寄潮汕双亲批信

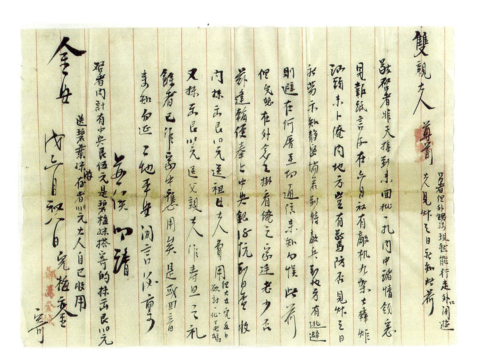

保藏参考指数：☆☆☆☆

批信寄于汕头沦陷前夕，此时日军加紧侦察、轰炸潮汕各地，为侵略潮汕做准备。批信中记载："六月初有敌机九架去轰炸汕头，未卜俺内地方岂有惊防（惶）否……"写批日期是"戊六月初八日"，推断为民国廿七年戊寅六月初八日。

3-15 1939年外洋孝先寄潮汕姑母批信

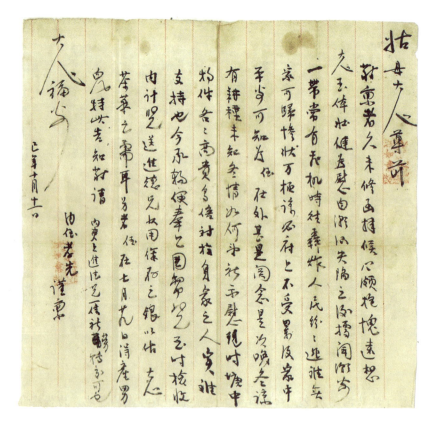

保藏参考指数：☆☆☆☆

该批信寄于潮汕沦陷期间，信中写道"自潮汕失陷之后，据闻潮安一带常有飞机时往轰炸，人民纷纷逃难，无家可归，惨状万极"。写批日期："己年十月十一日"，推断为民国廿八年己卯十月十一日（1939年11月21日）。

图3-13至图3-15批信记录了潮汕遭受日本飞机轰炸，老百姓流离失所的悲惨窘境。

3-16　1940年潮安鹤巢双亲寄泰国儿子李锦荣回批

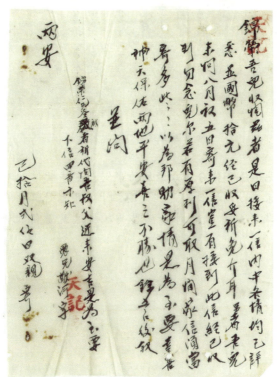

保藏参考指数：☆☆☆☆

该回批贴足邮资，销汕头邮戳，从汕头寄至泰国后，加盖1940年1月6日的泰国邮戳。

这是一件抗战期间潮安寄泰国的回批，这种格式的预印回批较为少见，但回批邮票脱落，信件缺角，故列为三级侨批。

3-17 1948年外洋孙汉来寄潮汕祖母批信

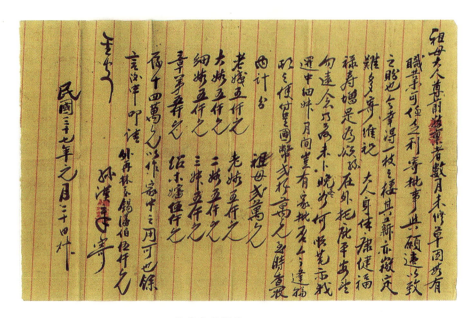

保藏参考指数：☆☆☆☆

批信中往往可见华侨寄钱分赠众亲朋的事例，这件批信也不例外，"一有厚利入手"即寄钱分给亲友。写批日期是"民国三十七年元月二十四日"。

该批信反映了华侨的奉献精神和感恩美德，这就是侨批蕴涵的意义和文献价值。

3-18　1948年新加坡许炳梅寄潮汕母亲批信

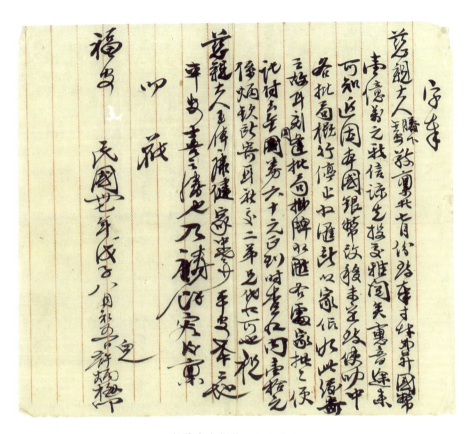

保藏参考指数：☆☆☆☆

信中提及"近因本国银币改移未定，致使叻中各批局概行停止收汇，所以家信如此缓寄"。写批日期是"民国卅七年八月初五日"。

该批寄款前夕，正是国币严重贬值、金融秩序混乱之时。1948年8月19日，国币崩溃，国民政府发行金圆券。这件侨批是在金圆券发行不久之后寄至侨属的，它见证了这段币制改革的历史，具有较高史料价值。

3-19 1948年外洋父亲寄潮汕儿子茂鉴批信

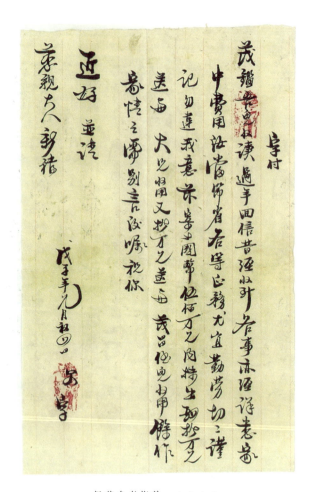

保藏参考指数：☆☆☆☆

该信字体自然活泼，疏密有致，秀逸有神，读之犹如欣赏书法作品，获得审美的愉悦。写批日期是"戊子年元月初四"，民国卅七年戊子元月初四日（1948年2月13日）。

3-20　1949年外洋张文潮寄潮汕妻陈氏批信

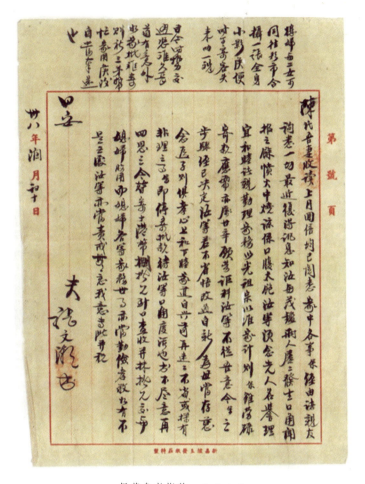

保藏参考指数：☆☆☆☆

这是一封以行楷书写的家书，其进退自如、运转流畅的书体，显示了写批者的书法技巧和雅致心灵。写批日期是"卅八年润（闰）月初十日"（1949年闰月初十）。

3-21 20世纪40年代后期邅寄潮安、澄海侨批

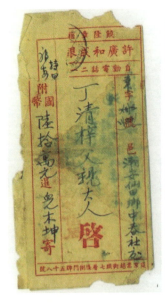
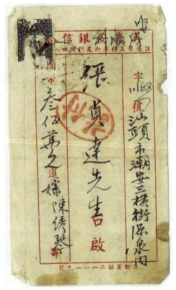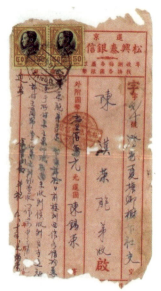

保藏参考指数：☆☆☆☆

这六件是20世纪40年代后期的侨批，每件侨批均纳足邮资，经邮政寄至汕头。

这六件寄于民国后期的侨批，虽属于民国时期，但各有破损，邮票残缺，故列为三级侨批。

3－22　20 世纪 40 年代后期叻寄潮安侨批

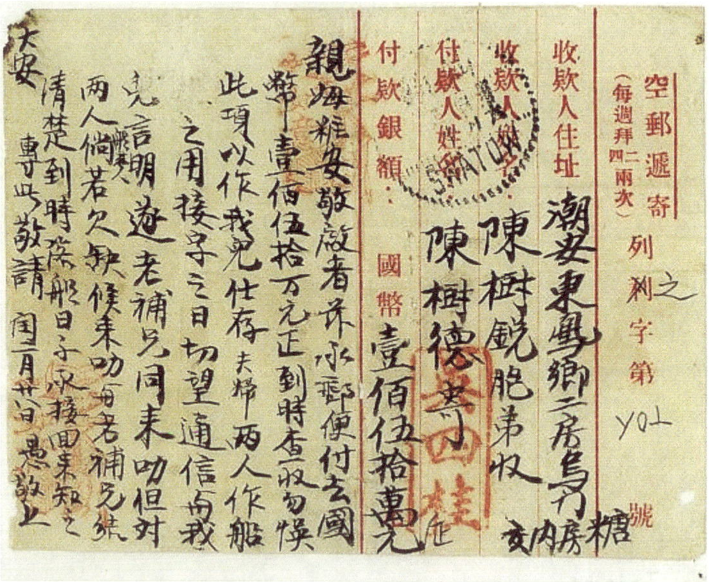

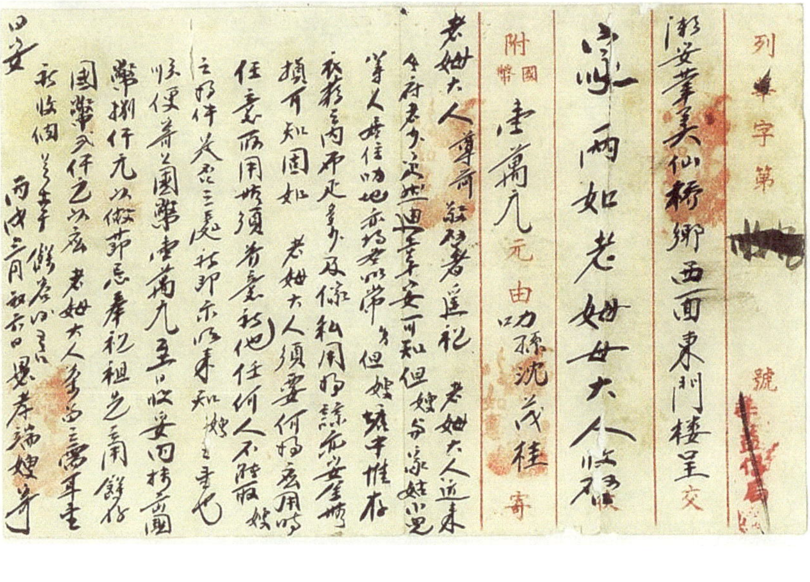

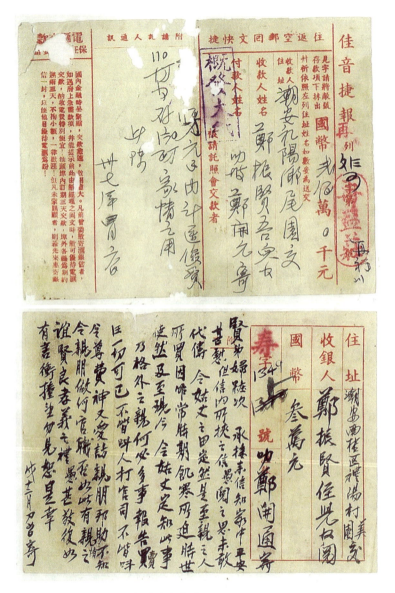

保藏参考指数：☆☆☆☆

  这四件是20世纪40年代后期的侨批，均从新加坡寄出，由于收寄批局各不相同，因此，批局预印的批笺格式及信息等各有不同。

  这四件侨批品相有好有次，但各有附言，各具特色。

3-23 1952年外洋克绍寄潮汕儿子玩兴收转妻李氏批信

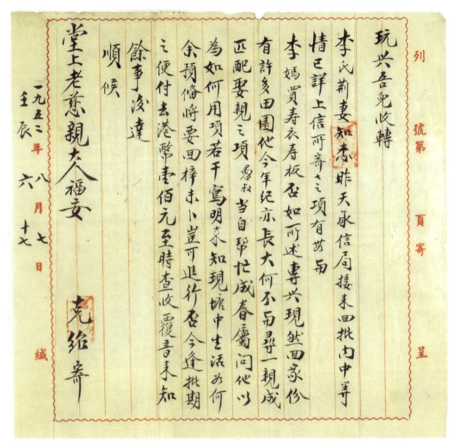

保藏参考指数：☆☆☆☆

这是一封以楷书书写的批信，既遵循侨批格式，又具有写批人的个性特点，这类楷书，在侨批中较少见，写批日期是1952年8月7日。

3–24　20世纪50年代泰国英华寄潮汕爽真批信

保藏参考指数：☆☆☆☆

这是一件硬笔小楷书写的批信。在批信中，无论毛笔还是硬笔书写的楷书，都不多见。而这样的蝇头小楷更少见。写批人必定经过长期临池学书，才能写出如此潇洒稳健、纯朴方正、小中见大的字体。该批信写于20世纪50年代。

3-25 20世纪50年代诗巫［马来西亚］郑庆通寄潮安南桂妻卓氏侨批

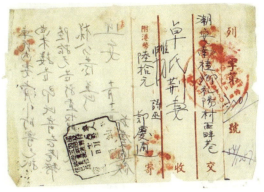
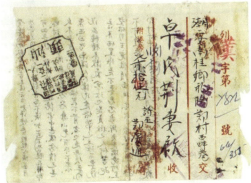
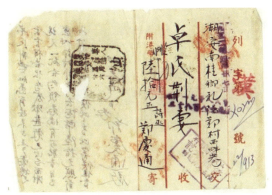
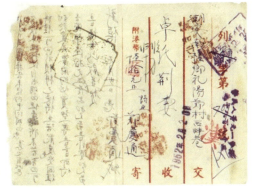

保藏参考指数：☆☆☆☆

这六件是20世纪50年代初期的同户侨批，批局均以薄纸折页的格式印制，方便寄批人填写批款、姓名、地址及附言等。

这六件侨批品相普通，但印记清楚，时代特征明显。

3-26 20世纪50年代泰国黄辅汉寄澄海云侨乡母亲侨批

保藏参考指数：☆☆☆☆

  这是三件20世纪50年代的同户侨批，该批由裕兴盛批局收批后，贴足邮票，经邮政寄至汕头。

  此三件侨批，品相普通，但印记清楚，时代特征明显。

3–27　1947—1954年吉隆坡、蔴坡［马来西亚］陈巧花等寄潮安侨信

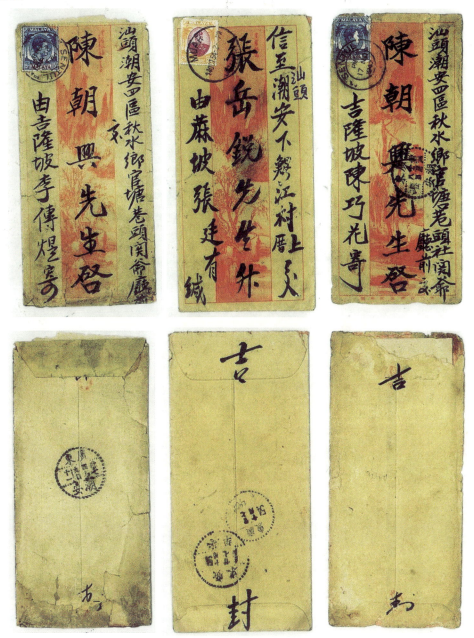

保藏参考指数：☆☆☆☆

　　这是三件1947—1954年马来西亚华侨寄潮安的侨信。侨批中夹附的书信，可分为两类，一类是银、信分开寄，即寄批者向批局寄银不寄信；然后通过邮政寄信。另一类是华侨与故乡之间有生意往来或因家庭琐事，时常频繁通信。

3-28 1952—1958年叻吴玩炎寄潮安浮洋陈国阳侨批

 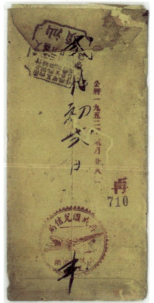 

保藏参考指数：☆☆☆☆

  这是三件寄于1952—1958年的同户侨批。这一时期的批款是寄港币折人民币的，但这三件寄于不同时间的侨批，均寄"洋银"。20世纪50年代的侨批中，有时可见个别批款写有寄"大银××元"的字样，这可理解为华侨对批银的俗称。但三件侨批在不同时间连续寄"洋银"，这里应指侨居国的货币，即新加坡币。

  这组侨批品相普通，但所寄批款与众不同，是研究金融换算的难得资料。

3-29 20世纪50—60年代泰国李淑瑞等寄澄海侨批

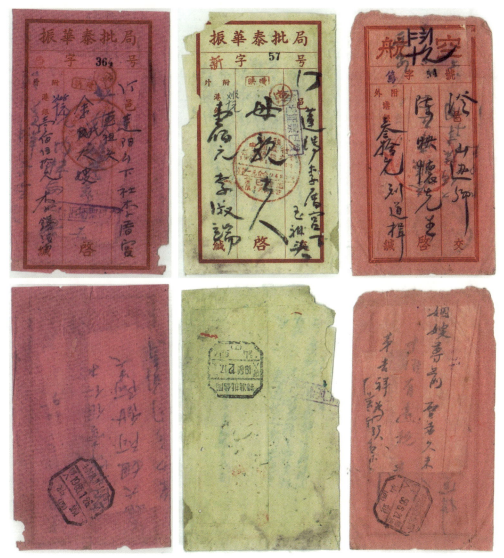

保藏参考指数：☆☆☆☆

这是三件20世纪50—60年代经泰国振华泰批局等寄汕头的侨批，由汕头中国银行结汇，分发侨属。

此三件侨批均批信齐全，批封有瑕疵，但不影响主体信息。

3-30 1951年香港李寄澄海莲阳李芝胜侨信

这两件同户信件的正面各贴邮票两枚，均销1951年香港邮戳，从香港寄至澄海。

此两件侨信内信齐全，品相较好，戳记清晰。

保藏参考指数：☆☆☆

3-31 20世纪60年代泰国张亚诏寄普宁泥沟来贤侨批

该批经泰国"永昌利汇兑银信局"收批后集中总包寄至汕头，由汕头中国银行结汇，分发侨属。

这是一件20世纪60年代的侨批，品相较好，但内容普通。

保藏参考指数：☆☆☆

3-32 20世纪50-60年代印度尼西亚李寄澄海莲阳李绍澄侨信系列一

保藏参考指数：☆☆☆

这是三件20世纪50—60年代的同户侨信，按印尼邮政规定，贴足邮资，销票后从印尼寄至澄海。

3-33 20世纪50—60年代印度尼西亚李寄澄海莲阳李绍澄侨信系列二

保藏参考指数：☆☆☆

这是四件20世纪50—60年代的同户侨信。与图3-32一样，侨信也贴足邮资，从印尼寄至澄海。

图3-30、图3-32和图3-33侨信，品相较好，内信齐全，纪年清楚。

3-34 20世纪50—60年代吉隆[马来亚吉隆坡]陈记胜、蔡光流寄潮安、澄海侨批

保藏参考指数：☆☆☆☆

这是三件20世纪50—60年代经"吉隆坡郑绵春信局"等寄至汕头的侨批，由汕头中国银行结汇，分发侨属。

此三件侨批，内信齐全，纪年明确。

3-35　20世纪60—70年代叻谢松仁等寄潮安侨批

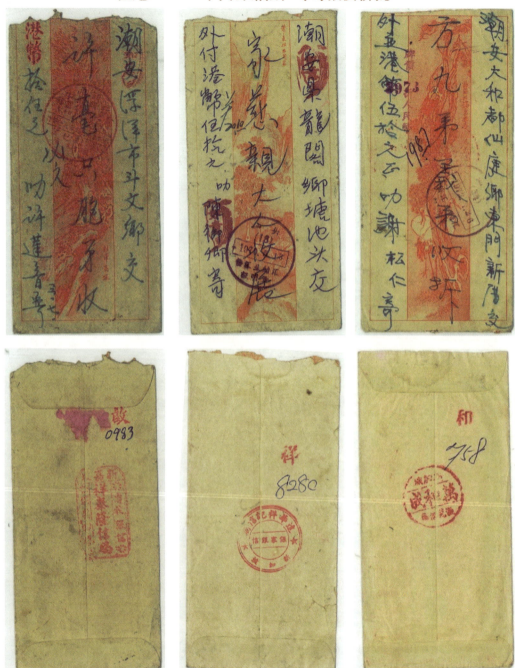

保藏参考指数：☆☆☆☆

　　这是三件20世纪60—70年代经"新加坡万和成""新加坡达华祥""新加坡祥泰隆"等批局寄至汕头的侨批，由汕头侨汇业等结汇后，分发侨属。

　　此三件侨批品相较好，印章清楚。

3-36　20世纪60—70年代新加坡、泰国寄澄海樟林侨批

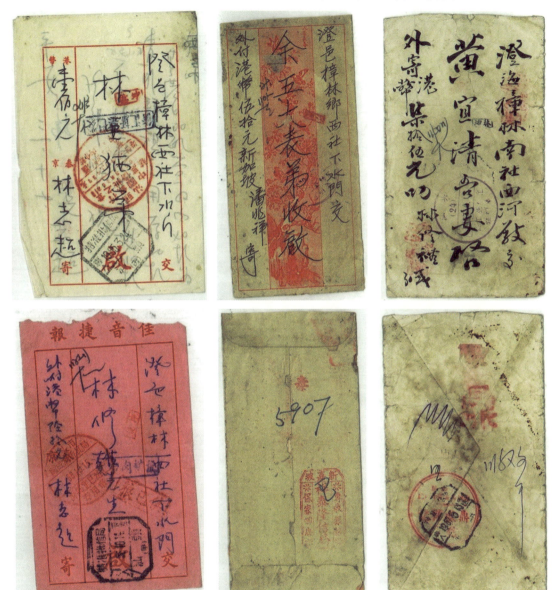

保藏参考指数：☆☆☆

这是四件20世纪60—70年代的侨批，经新加坡和泰国批局收批后，寄至汕头，由汕头银行等结汇，转发澄海樟林。

此四件侨批品相较好。不论民国时期或新中国成立后，作为重要出洋港口的澄海樟林侨批，都相对少见。

3-37 20世纪70—80年代叻寄潮安、揭阳侨批

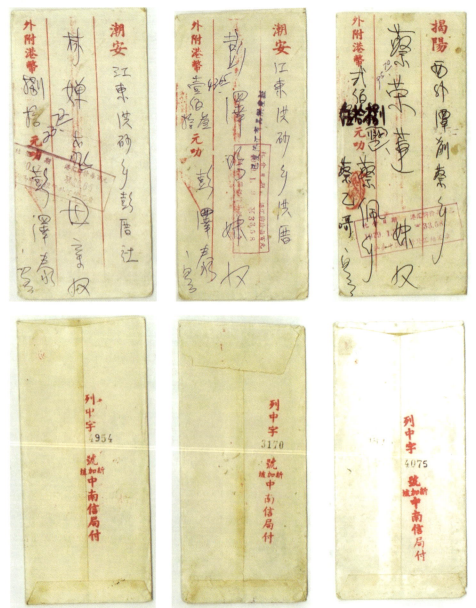

保藏参考指数：☆☆☆☆

这是三件20世纪70—80年代"新加坡中南信局"寄至汕头，由汕头中国银行结汇，转潮安、揭阳分发的侨批。

此三件侨批品相较佳，内信齐全，印章清晰。

3-38　20世纪70—80年代叻、蔴坡寄潮安侨批

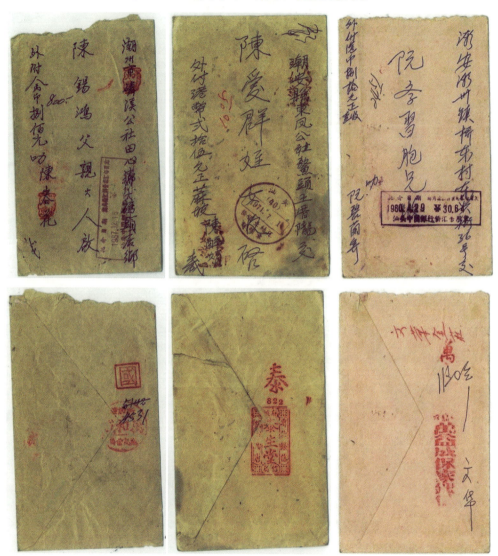

保藏参考指数：☆☆☆☆

这是三件20世纪70—80年代的侨批，经"新加坡万益成""新加坡万和成""蔴坡泰生学堂"等批局寄至汕头，由汕头侨汇业等结汇后，分发侨属。

此三件侨批品相较好，印章清楚。

3-39　20世纪70年代叻林祥吟等寄潮安侨批

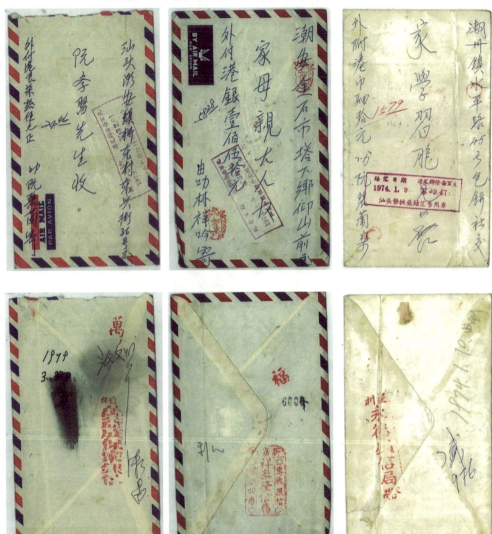

保藏参考指数：☆☆☆

　　这是三件20世纪70年代的侨批，通过"新加坡祥泰隆信局""星洲永德盛信局""新加坡万益成保家银信"等批局揽收后寄至汕头，由汕头侨批业等结汇后，分发侨属。

　　这组侨批内信齐全，品相较好，印章清楚。

3-40　20世纪60—70年代香港杨思海寄潮安县仙乐乡杨思承侨信

保藏参考指数：☆☆☆

　　这是三件20世纪60—70年代的同户信件。信的正面贴足邮资，经香港邮政盖销后从香港寄至潮安。

　　此三件侨信书写工整，戳记清晰。

3-41　20世纪50—60年代洪万丰、悦记批局侨批通知书

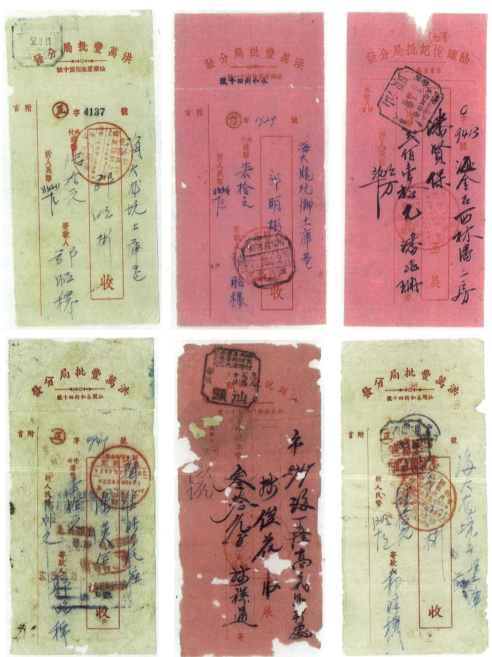

保藏参考指数：☆☆☆☆

这是六件20世纪50—60年代，汕头批局依据写批目录抄写、分发侨属的通知书。

3-42　20世纪50—60年代陈万合、洪万丰等侨批通知书

保藏参考指数：☆☆☆☆

这是六件20世纪50—60年代汕头批局依据侨批目录抄写、分发侨属的通知书。有的印有"此批照底抄泐分发，如有错交原银退还"的提醒文字。

3-43 20世纪50—60年代捷成、有信等侨批通知书

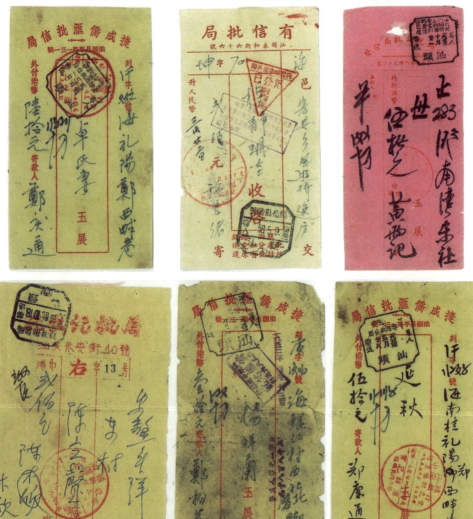

保藏参考指数：☆☆☆☆

这是六件20世纪50—60年代，汕头批局从寄批目录中抄写、分发侨属的通知书。有的印有"此批照底抄沏分发，如有错交原银退还"的提醒文字。

3-44　20世纪50—60年代汕头昌盛、有信等侨批通知书

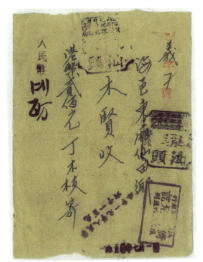

保藏参考指数：☆☆☆☆

　　这是六件20世纪50—60年代，汕头批局依据寄批目录抄发的通知书。有的印有"此批照底抄泐分发，如有错交原银退还"的提醒文字。

3-45　20世纪70年代汕头侨批服务社等分发的侨批通知书

保藏参考指数：☆☆☆

这是六件20世纪70年代，汕头侨批服务社和汕头侨批业从侨批目录中抄发的通知书。印有"此批按照目录抄发，如有错交原银退还"的文字。

图3-41至图3-45通知书，品相有较好的，也有较差的，但印章及纪年基本清楚，是研究该时期金融变化、汇率浮动的具体资料。

3-46　1968—1969年香港南洋商业银行人民币侨汇证明书

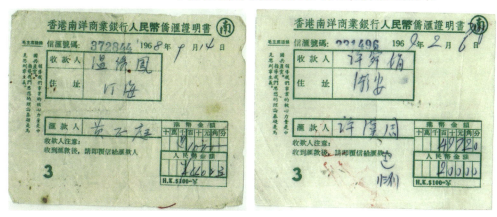

保藏参考指数：☆☆☆

这是两件1968—1969年经香港南洋商业银行汇至澄海温绣凤、潮安许舜娟的汇款证明书。

3-47　20世纪70年代叻郑巧英等寄潮安东凤侨批

保藏参考指数：☆☆☆

这是两件20世纪70年代的侨批经"新加坡再和成伟记"与"新加坡祥泰隆信局"寄至汕头，由汕头中国银行结汇后，分发侨属。

该批书写工整，内信齐全、纪年清楚。

3-48　1969—1970年香港浙江兴业银行人民币汇款证明书

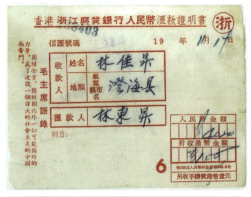
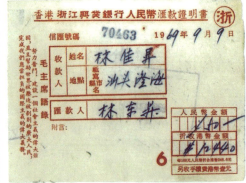
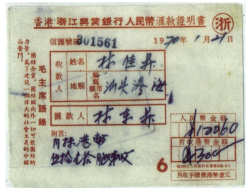
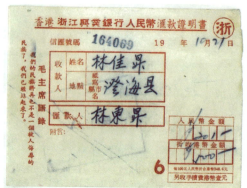

保藏参考指数：☆☆☆

这是四件1969—1970年经香港浙江兴业银行汇至澄海林东升的汇款证明书。

图3-46、图3-48汇款证明书，其批款是通过银行汇至澄海、潮安的。少数证明书的附言处可见简要的几个字或一句话。由于预留附言的空间太小，华侨往往通过邮政另寄一信，沟通两地情感。这类汇款证明书在侨批档案中，属于较普通的。但图中证明书的左边均加印"毛主席语录"，这种形制的证明书，就不多见了。

3-49　1971年批局催补回文通知单

外洋莫青云寄潮安凤陇莫楚标侨批，因侨属所寄的回信中途失落了，批局要求收批人另补回批。

这是一件1971年的催补回文通知单，侨批实物中不多见。

保藏参考指数：☆☆☆☆

3-50 1978年香港陈作顺寄潮安县鳌头乡胞弟陈作商侨批

该银信经香港致成批局寄至汕头，由汕头中国银行结汇后，盖1978年9月4日的银行结汇章，分发侨属。

保藏参考指数：☆☆☆☆

3-51 1986年吉隆陈宝英寄潮安鳌头陈惟标侨批

该批经"吉隆坡郑绵春信局"寄至汕头，由汕头中国银行结汇后，盖1986年2月3日的银行结汇章，分发侨属。

图3-50、图3-51品相较好，批局银行印章清楚。

保藏参考指数：☆☆☆☆

3-52　2006、2007年外洋余婵娥寄潮州磷溪镇余坤明侨批

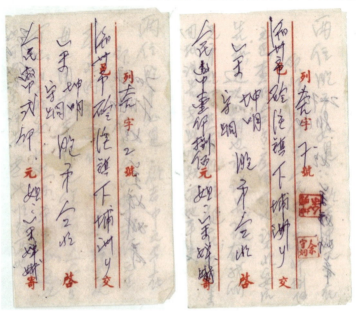

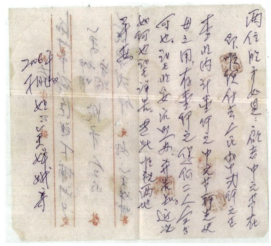

保藏参考指数：☆☆☆

　　这是两件分别寄于2006年和2007年的侨批，批信有列字和编号，但未见银行等印章。

3-53　2009、2010 年外洋陈秀枝寄潮安铁铺镇陈林雄侨批

保藏参考指数：☆☆☆☆

　　这两件是分别寄于 2009 和 2010 年的侨批。与图 3-52 一样侨批有列字和编号，但未见任何印记。

　　图 3-52、图 3-53 侨批，均没有外洋寄批人的地址，但侨批形制还是保留了传统批信的格式，是否为私人钱庄或旅行社收寄的侨批，不得而知。唯一知道的，该组侨批均寄自外洋，批信书写工整，纪年明确。需要说明的是，寄于近年的侨批，已经非常罕见了。

第四章

引　言

　　本章收录的20世纪40年代至90年代的152件侨批档案，其品相、印记、质量等都不及第三章（三级）。因其破损、信息缺失而列为四级侨批。为了承上接下，本章专门选录了民国中后期的破残侨批作为例图，说明破残的侨批除非是特殊年代、特殊印记和特殊信息的实物，余皆可根据具体情况来斟酌、衡量为普通的四级侨批。本章侧重列举20世纪50年代以后的侨批档案，结合本书各章分级的例图需要，从编者收集侨批档案时所积累的不同残损侨批及20世纪60年代以后的银行、公司、邮政等金融机构分送的侨批、人民币汇款证明书、华侨信件等，按时间顺序分类举例，略述四级侨批的标准和理由，突出重点，以图析文，点到为止。

　　在侨乡征集侨批时，不论多少封（件），一般只挑拣品相较好的，这是约定俗成的"规矩"。那些杂乱、残破、污损、蛀蚀的侨批，卖家往往只作为交易后的赠品。编者一直有意保存一批因破残而不起眼的侨批"赠品"，如今物有所值，正好派上用场。按照其残破的程度和原因分类编排、说明，使读者对四级侨批的外观、形状等有所了解和认识。

　　为何选录这么多残损侨批呢？一方面固然是归类评级的需要，另一方面也是作为启示，引发思考：这一件件破残的侨批是如何产生的？为此，编者边收集侨批边做田野调查，利用机会与侨属和"落乡人"交流请教，根据众人的口述，可归纳为两种原因：一是自然灾害。众所周知，潮汕濒临南海，多风灾。旧时潮汕民居大多低矮，而且潮湿，甚至破漏，狂风暴雨过后，对于没有采取保护措施的纸质文献影响十分严重，一些侨批因潮湿而发霉，导致笔迹模糊、纸质脆弱而失去利用价值。更严重的是，受潮后的侨批往往粘连、结坨，直接沦为垃圾。二是人为破坏。最常见和最集中清理侨批的时节，往往出现于每年的春节前夕，家家户户大清洁，除旧迎新。侨批因经常滋生蛀虫、藏匿蟑螂、老鼠等，受污染严重，被侨属当废纸卖掉或直接扔进垃圾堆，甚至点火烧毁。有一老侨属曾与我闲谈，说她祖父旅居暹罗，月月寄回番批，积累了一大皮箱批信，由于"三年困难时期"物资紧缺，于是将其用于引火做饭。改革开放以后，侨乡一片繁荣，成片的居民小区为人们提供了新的居住环境，昔日的"老屋区"逐渐闲置，少人栖身。一些存放于老屋的侨批，早就被人遗忘了，任其自生自灭，因而被害虫蛀咬造成缺角残边。那些残缺的侨批是如何评级的呢？应以具体实物的残缺程度而定。例如，并非所有被虫蛀过的侨批都是普通的四级侨批,有的只是稍微虫蛀,并无大碍;有的则已千疮百孔,利用价值极低。而由于屋漏等引起的潮湿,同样对侨批构成严重威胁。所谓"水湿批",就是被水浸湿或靠近滴水的地方,雨天吸湿,晴天干燥,久而久之,不论多少侨批,全部结成硬邦邦的块状物,掰开时已成废纸。这也是目前馆藏及私人收藏者没有见到或收藏到因水湿而结成饼状侨批的原因。并非所有的"水湿批"都一无用处,有些轻微水渍的,阴干后仍可发挥其历史文献作用。

说到"水湿批",不得不提"生锈批",因两者之间有连带关系。旧时,侨属喜欢以铁盒或铁箱保存契约、侨批、收据、账簿之类的纸质物品,当铁箱等遇到漏雨或潮湿后,容易生锈,因而祸及箱内物品,"生锈批"就是这样形成的。被锈蚀后的侨批,常常锈迹明显,纸质脆弱,难以利用。但"生锈批"在残损程度中的比例较少,受损坏的程度远远不及"水湿批"。

在侨乡,由于侨属往往随意存放侨批,这就为老鼠提供了温床。被老鼠光顾后的侨批("鼠咬批")面目全非,轻则缺角、破残,重则碎片一堆。倘幸未被鼠咬的,如被老鼠尿污染,尿臭、尿渍难除,批信褪色、纸质松软,形状虽干似湿,对侨批造成致命伤害。这类"老鼠尿渍批",在分级时,限于篇幅,未能一一举例,只做文字略述。

前面举例的残损侨批,多因自然灾害造成,但"剪票批"和"揭票批"则是一些人的无知所为造成:有的侨属将自家的侨批或亲戚的侨批拿给孩子玩,让他们学习集邮,并指导孩子剪下或揭下侨批上的邮票。这不是偶然现象,一本本夹满侨批邮票的集邮册令人痛心,被剪或被揭邮票后的侨批,残缺不全,历史信息缺失,利用价值较低。

对于侨批,不同侨属有不同的认识,有的认为批银已收,批信也阅了,留之无用,于是将其随便抛弃。有的认为批信是有温度、有感情、有记忆、有乡愁的,应妥善保存。也有一些人为了隐私,不愿丢掉侨批,但又担心侨批上面的信息泄露,于是在侨批的姓名、地址、批款等字体上胡乱加点加画,改变信息。还有的人甚至将侨批正面的字体涂抹,覆盖原迹,成了名副其实的"涂抹批"。本章中的"涂抹批"例图,就是保护隐私的行为。被涂抹后的侨批,无论是历史信息或利用范围都大打折扣。

以上列举的侨批是由于本身残损后被列为四级的,下面所涉及的侨批和侨信则是由于当局规范侨批寄递,信息相对单薄而与残损侨批归为同级的。

20世纪60年代至80年代中叶,海外寄潮汕的侨批款式多种多样,主要有批局、银行等金融机构预印的单页与折页侨批和传统的"山水封""航空封""中式封""西式封""信纸折叠封"等。其中,尤以轻薄的预印单页和折页侨批较为多见，该单页和折页侨批主色有红白两种颜色，上面皆印有列字、编号，这与同时期的"山水封""航空封"等侨批上的编列大同小异，只不过单页和折页侨批更轻巧了，缩小体积和重量，便于总包寄递。在收集侨批的过程中，发现年代越近的侨批越稀少，特别是21世纪的，就更少见了。这些近期的侨批，往往也沿用以前的薄纸单页和折页侨批寄批，上面除了列字编号，未见揽收方的印记。那么，20世纪80年代后期至21世纪的侨批，又是通过什么渠道寄回故乡的呢？这个问题困扰编者多年，而答案可在图4-24中的批信"兹由侨光旅行社带上音信并付去港币叁佰元，到时查收"中发现，从批信内容中得知，"侨光旅行社"继批局之后扮演了批局的角色，为华侨捎带银信。当然，不仅仅侨光旅行社，还有其他公私金融机构或个人，仍然为华侨寄递银信，比如水客，从侨批的产生到结束，水客一直存在着，见证了侨批的兴衰更迭。

论及侨批，不能漏了侨信，因为侨信也是侨批档案的组成部分。侨信和批信一样，与海内外亲人之间有着密不可分的关系。但批信侧重的是银和信，大多数批信内容较为简短（一般为格式化的称呼，祝颂问安以及批款分发、使用方向、勤俭持家、孝敬父母、教育儿女等吩咐），内容较长、信息较丰富的批信，往往难得一见。而一部分侨信除了包含批信的信息外，也包含华侨在国内投资或侨属参与海外生意等诸多方面的书信往来，可见，侨信涉及的范围较批信更广，某方面的历史资料刚好与批信互补、互通，充实侨批档案。

本章是本图鉴中最后一章，实物编排也是等级相对差的一章，选录的侨批档案是非常普通和常见的，但同样具有历史意义和文献价值。本章中一些存在缺陷的侨批，未被毁坏之前，评级有可能是靠前的，但经天灾、人为因素和虫鼠蛀咬之后，品相残损，字迹模糊，价值颇受影响。评级时，当然须另做估量。这也说明一个道理，文献资料的品相是非常重要的，它与价值是直接挂钩的。一些侨批，虽然品相不错，然而由于年代近、数量多等原因而列为普通的四级侨批。如20世纪60年代以后泰国寄潮汕的预印单页和折页侨批，纸张薄、体积小，信息相对薄弱等特点，常为人们忽视，但它恰恰代表了这一时期部分侨批的基本特征，与近期的"水客批""信纸折叠批""人民币侨汇证明书""侨信"一起，展示了人民币时期侨批档案的不同款式、不同品相和不同内涵，为侨批档案的研究、评级提供了实物依据和历史借鉴。

4-1　1942年许木海自泰京寄饶平隆都前埔乡许宅母亲侨批

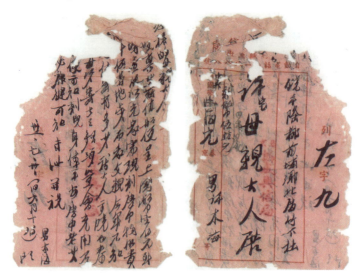

保藏参考指数 ☆☆

该侨批封面盖有"协成兴银信局"的批局章，批信纪年"卅一年七月卅日（旧六月十日）"。

该批从泰国寄汕头，原来的批款是中央币一百元，此时汕头已沦陷，侨汇被日伪掌控，故批款被改为日伪发行的储备券（新币），按中央币2元兑换储备券1元的比率，在侨批上另写批款"新币伍拾元"转发侨属。该批由于破损，故列为四级侨批。

4-2　1946年金有蟾自泰国寄饶平隆都口潘乡母亲侨批

该批贴足邮资，销泰国邮戳后寄至汕头，由于批信残缺，纪年不详，根据写批日期推断为1946年。

该批使用的是泰国永振发银信局的预印侨批，原来预印批款名称是"新币"，即储备券，储备券用于支付批款的时间约为1942年至1945年上半年。日本投降后，储备券成为废纸，所以，抗战后使用抗战前的预印侨批寄批，批局为了说明所寄货币是中央币，特地在"新币"上面加盖"国币"两字，以示区别。因该批残缺，故列为四级侨批。

保藏参考指数 ☆☆

4-3 20世纪40年代后期暹华侨寄潮安侨批

保藏参考指数 ☆☆

  这是六件经泰国"泰合昌汇兑银信局""嘉源汇兑民信局"等批信局寄至潮安的侨批，寄批时间为20世纪40年代后期。

  该图侨批，均存在不同程度的蛀蚀残缺，属于品相较次的四级侨批。

4-4 20世纪50年代郑泽彬自泰国寄潮安鲲江乡郑宅曾祖母侨批

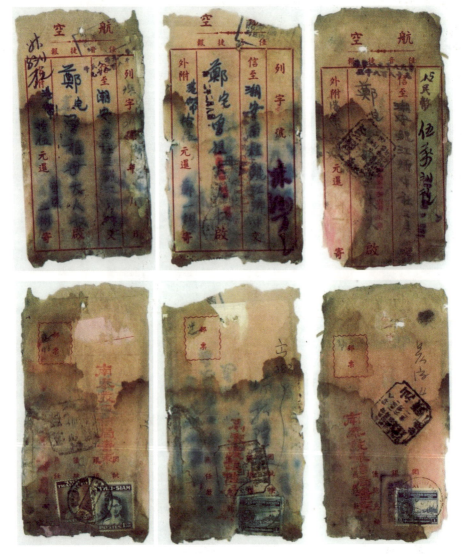

保藏参考指数 ☆

这三件侨批均通过"南泰发银信局"收寄，贴足邮资，从泰国寄至汕头，加盖汕头邮戳、经银行结汇后，转潮安分发侨属。

此三件是寄于20世纪50年代初期的侨批，由于保存不当，受潮湿影响，侨批正面书写的笔迹褪色、字体模糊。更为严重的是，侨批受湿后又自然干燥，批封纸质变得脆弱、斑驳，内信往往粘连，很难打开，成了名副其实的"水湿批"。

4-5 20世纪50年代郑泽彬自泰国寄潮安鲲江郑宅曾祖母侨批

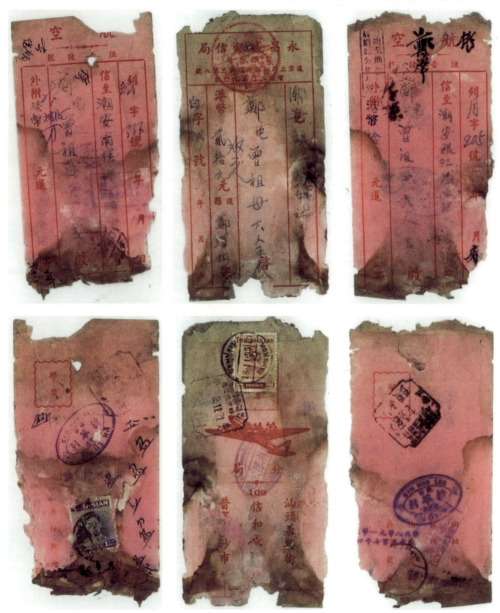

保藏参考指数 ☆

　　这三件侨批均经"曼谷新华利银信局"收寄，贴足邮资，从泰国寄至汕头，加盖汕头邮戳，经银行结汇后，转潮安分发侨属。

　　与图4-4是同户侨批，也同寄于20世纪50年代。这些同户侨批有可能保存于同一铁盒中，成了名副其实的"生锈批"。

4-6 20世纪50年代张利发自泰国寄澄(饶)邑隆城乡儿子张鑫沛侨批

保藏参考指数 ☆☆

这是两件同户侨批,均通过泰国"永昌盛银信局"收寄,贴足邮资,经泰国邮政销票后从泰国寄至汕头,盖汕头邮戳,纪年分别为1957和1958年。

此两件是经常遇到的"剪票批"(下)和"揭票批"(上),这种情形常常是侨属或集邮爱好者的"杰作"。被采集邮票后的侨批,基本残缺不全,面目全非,沦为一般的四级侨批。

4–7　20世纪50年代自泰国寄汕头侨批

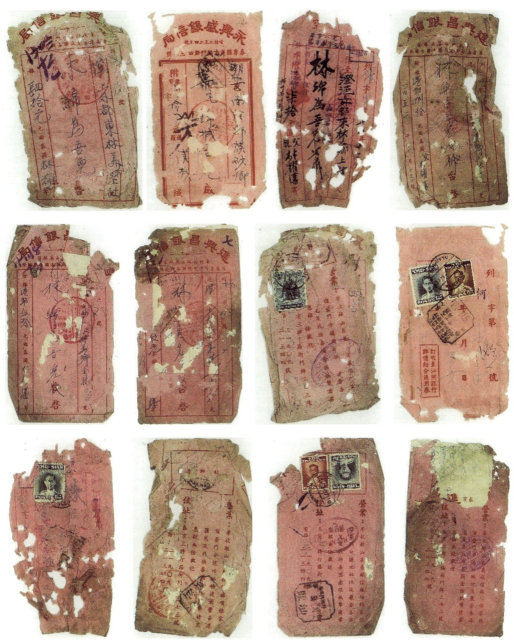

保藏参考指数 ☆☆

这是六件20世纪50年代经泰国"永兴盛银信局""进兴昌银信局"等侨批局寄至汕头，加盖汕头邮戳，由汕头中国银行结汇，转潮安、澄海分发的侨批。

4-8　20世纪50年代自泰国寄汕头侨批

保藏参考指数 ☆☆

　　这是六件20世纪50年代经泰国"光华兴银信局""丰隆银信局"寄至汕头，加盖汕头邮戳，由汕头中国银行结汇后，转潮安、澄海分发的侨批。

4-9 20世纪60—70年代杨振松自新加坡寄潮安鳌头乡母亲侨批

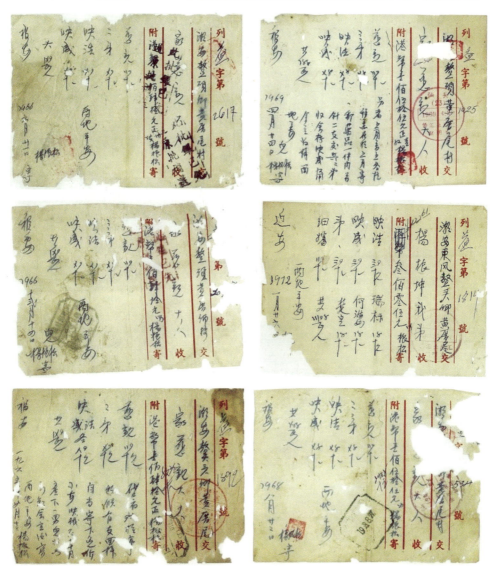

保藏参考指数 ☆☆

　　这是六件折页侨批，由新加坡批局揽收后，集中总包，经邮政寄至汕头，按规定加盖汕头邮戳，由汕头中国银行结汇，转潮安分发的侨批。

　　图4-9与图4-4的"水湿批"虽同属残损侨批，但性质却有区别。水湿批是受潮所致，经反复受湿又自然干燥后，纸质霉变，脆弱不堪。而图4-9的侨批，虽远离潮湿，却置于蛀虫滋生的地方，沦为侵蚀的对象，被虫蛀的侨批，均呈不规则的虫孔，成为人们通常所说的"虫蛀批"。

4-10　20世纪50—60年代自新加坡寄潮安侨批

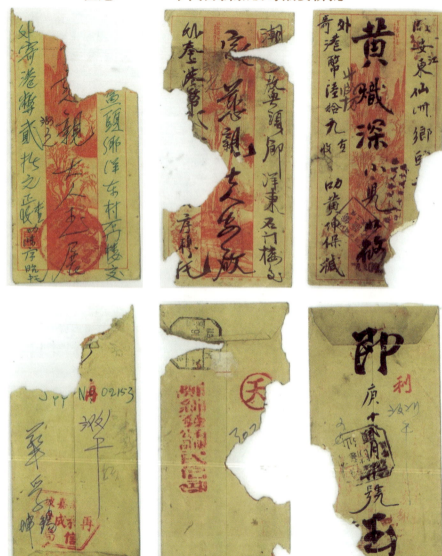

保藏参考指数 ☆

　　这是三件20世纪50—60年代，通过新加坡批局寄至汕头，加盖汕头邮戳，由汕头中国银行结汇，转潮安分发的侨批。

　　此三件侨批是因疏于保管而被老鼠所咬致使残缺的。鼠咬侨批在侨乡较为普遍（见本章引言）。

4-11 20世纪60年代新加坡寄潮安侨批

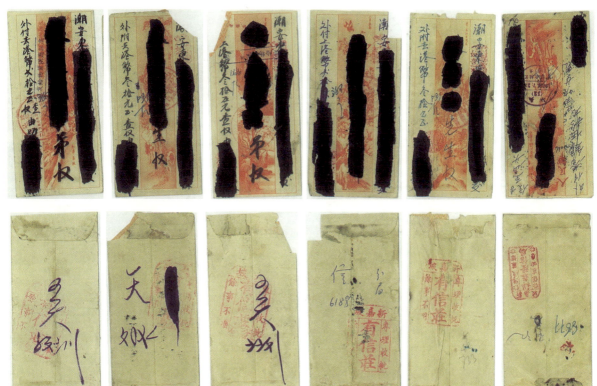

保藏参考指数 ☆

这是六件20世纪60年代经新加坡有信庄批局寄至汕头,由汕头中国银行结汇后,转潮安分发的侨批。

侨批封面的寄批人、收批人及地址皆被故意涂抹,覆盖信息。这种人为造成的"涂抹批",在收集侨批时偶尔可见。究其原因,无非是侨属担心泄露海内外亲人的关系和批款情况。

4-12 20世纪50—60年代新加坡、泰国寄潮安侨批

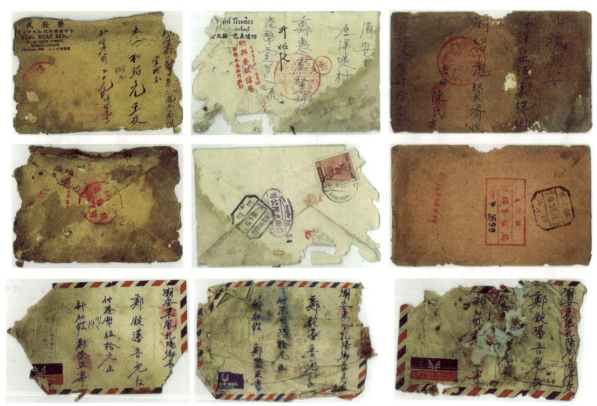

保藏参考指数 ☆☆

这是六件20世纪50—60年代经新加坡万益成保家银信和泰国明兴发银信局等寄至汕头,由汕头中国银行等结汇后,转潮安分发的侨批。

4-13 20世纪60—70年代沈俊声自香港寄潮安鳌头乡蔡惟哲侨批

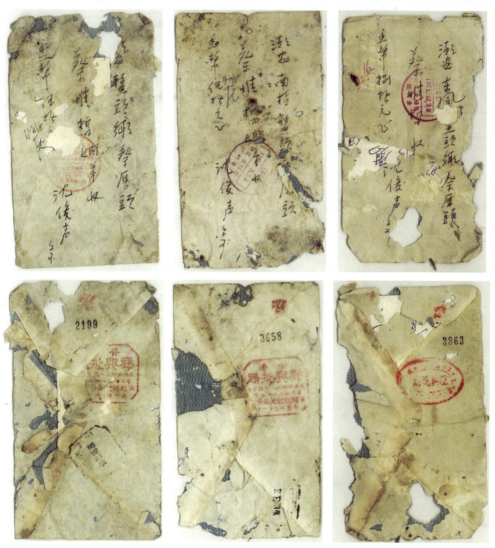

保藏参考指数 ☆☆

这是三件20世纪60—70年代香港声兴批局等寄至汕头,由汕头侨汇业等结汇后,转潮安分发的侨批。

4-14　20世纪60—70年代马来西亚寄潮安龙湖刘绍光侨批

保藏参考指数 ☆☆

这是六件20世纪60—70年代经吉隆坡郑绵春信局寄至汕头,由汕头侨汇业等结汇后,转潮安分发的侨批。

图4-12至图4-14侨批,均出现不同程度的污迹、残破、水渍、虫蛀等现象,其中的侨批款式却各不相同。

4-15　20世纪60—80年代黄益鹏自泰国寄澄邑侨批

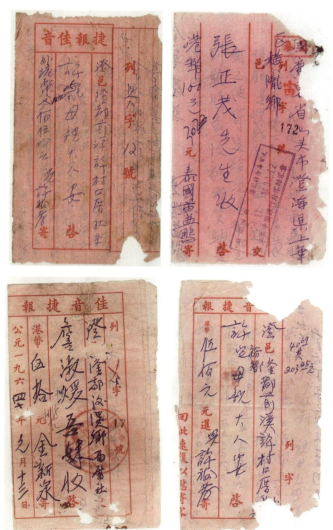

保藏参考指数 ☆☆

这是四件20世纪60—80年代经外洋金融机构收寄，集中总包后，交邮政寄至汕头，由汕头中国银行结汇后，转澄海分发的侨批。

4-16　20世纪70年代林德喜自泰国寄揭邑侨批

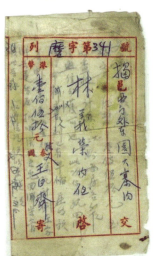

保藏参考指数 ☆☆

　　这是六件20世纪70年代经泰国金融机构收寄，集中总包后，交邮政寄至汕头，由汕头侨汇业结汇后，转揭阳分发的侨批。

4-17 20世纪70年代外洋林燕招寄揭西侨批

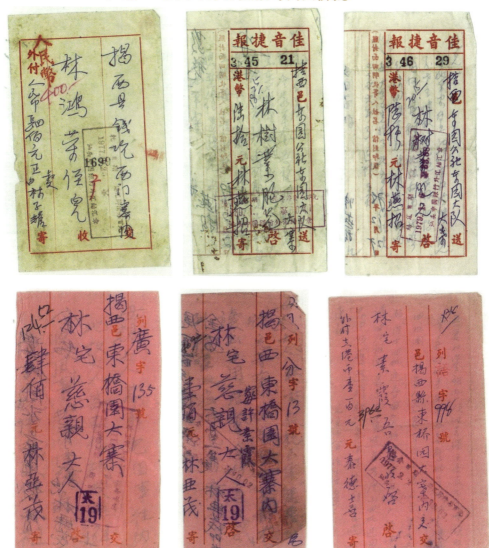

保藏参考指数 ☆☆

这是六件20世纪70年代经外洋金融机构收寄，集中总包后，交邮政寄至汕头，由汕头中国银行结汇后，转揭西分发的侨批。

4-18 20世纪70年代泰京林乐昌等寄揭邑侨批

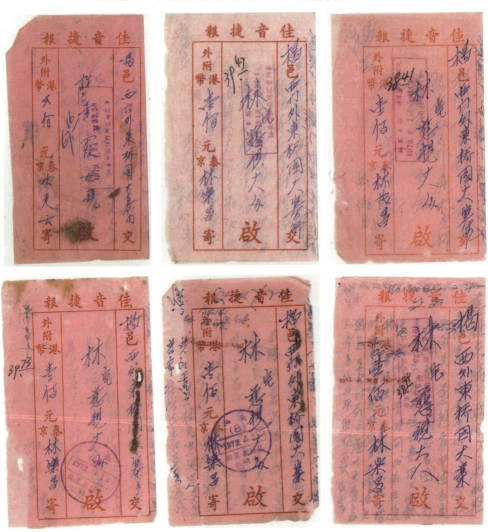

保藏参考指数 ☆☆

这是六件20世纪70年代华侨使用批局预印的"佳音捷报"侨批，正面印了红色的竖线隔成若干行，方便寄批者填写基本信息。金融机构揽收后，集中总包，交邮政寄至汕头，由汕头侨批业等结汇，转揭阳分发侨属。

4-19 20世纪70年代潘毓海自泰国寄澄海东陇弟潘木潮侨批

保藏参考指数 ☆☆

这是六件20世纪70年代经泰国金融机构揽收,集中总包,交邮政寄至汕头,由汕头中国银行等结汇后,转澄海分发的侨批。

此三件也属批局等机构预印的侨批。

4–20　20世纪70年代外洋寄澄海邑侨批

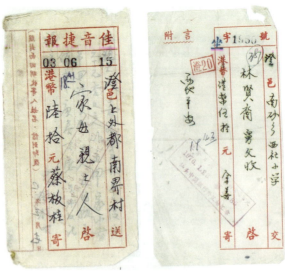

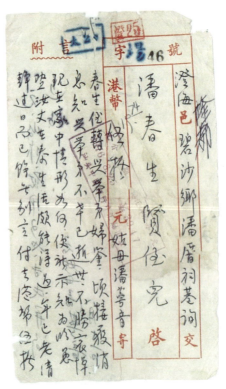

保藏参考指数 ☆☆

这是三件20世纪70年代外洋金融机构揽收，集中总包后，经邮政寄至汕头，由汕头中国银行结汇，转澄海分发的侨批。

4-21　20世纪70年代外洋许蝉枝寄潮安官塘陈英强侨批

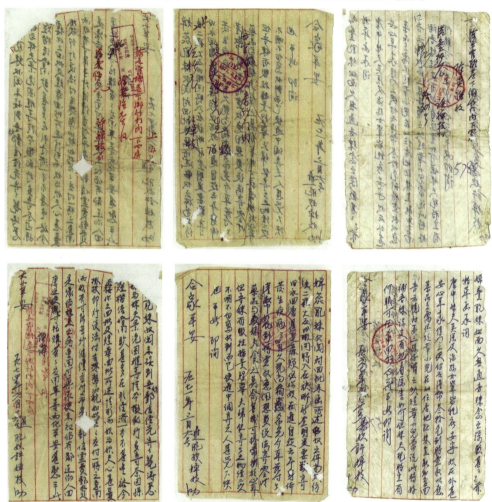

保藏参考指数 ☆☆

这是三件20世纪70年代经外洋金融机构揽收，集中总包后，交邮政寄至汕头，由汕头侨汇业结记，转潮安分发的侨批。

此三件为信笺折叠书写封面和内信的侨批。

4-22　20世纪80年代陈容真自印度尼西亚寄潮安陈楚文侨批

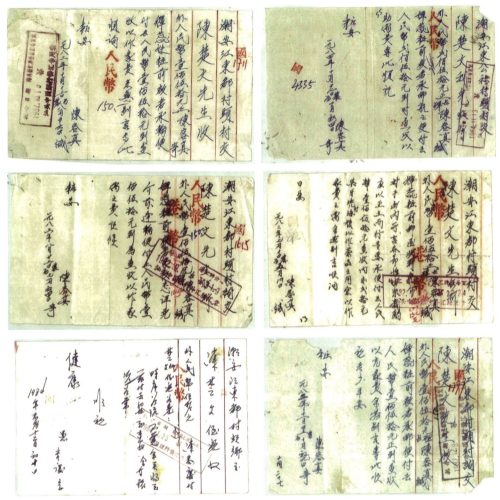

保藏参考指数 ☆☆

这是六件20世纪80年代经外洋金融机构揽收，集中总包后，交邮政寄至汕头的侨批，由于该款是直接以人民币寄入的，已无须结汇，汕头中国银行接手后，还是按规定在侨批上加盖银行结汇章后，转潮安分发侨属。

图4-15至图4-22均为20世纪60—80年代的侨批，这些侨批都有较相似的外观，那就是纸张薄、体积小、重量轻。为了查阅、校对，侨批上也少不了列字、编号，这与同时期的山水封、航空封、普通封等侨批上的编列大同小异，只不过这种折页侨批轻巧，便于总包寄递而已。

4-23　1988年施妙音自新加坡寄潮安万里桥杨珊瑚侨批及侨汇证明书

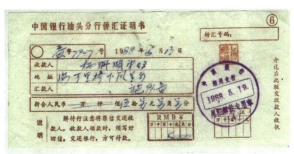

保藏参考指数 ☆☆

封背盖有"新嘉坡万益成保家银信"的批局章和列"益7907"号（左图）的该批编号，从新加坡寄汕头。由于批款是直接寄人民币的，因此，无需结汇，但汕头中国银行仍按惯例加盖"1988.5.13"的结汇章。同时汕头银行开具与侨批列字编号相同的"中国银行汕头分行侨汇证明书"，与侨批一同转寄"中国银行潮州支行"，该行收到证明书后，在上面加盖"1988.5.19"的外汇解讫专用章，分发侨属。

图中同列"益7907"号的侨批与侨汇证明书，清晰地显示了收寄批局及中转、分发的银行和时间，为研究侨汇证明书的来龙去脉提供了具体的实物依据。

4-24 1987、1990年林松正自外洋寄澄海上华侄子林迪勤侨批

保藏参考指数 ☆☆

　　这是两件同户侨批，分别寄于1987和1990年。其寄批过程在上图批信中写得明白"兹由侨光旅行社带上音信并付去港币叁佰元，到时查收"。

　　批信中说明了一个问题，那就是：侨光旅行社继批局之后，也扮演了批局的角色，为华侨捎带银信，而且服务方式比批局更加方便快捷。难怪1990—2000年还陆续出现海外寄潮汕的侨批，这当然离不开侨光旅行社等机构的诚信经营。

4-25 1994年许延金自泰国托水客带至汕头延寿直街黄宇义侨批

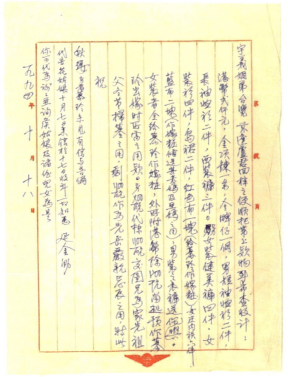

保藏参考指数 ☆☆

这是一封1994年泰国许延金托水客带钱物的侨批。信中写道"兹逢芦君回梓之便，顺托带上款物到希查收。计：港币贰仟元，金项链一条……"

批信中的"芦君"应是水客，水客这种职业从近代至当代一直存在，除了代带银信，也带物品。

4-26　20世纪60—80年代人民币汇款证明书

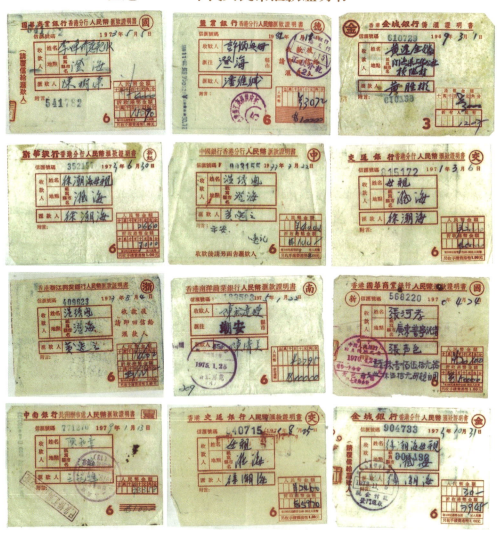

保藏参考指数 ☆

这是十二件20世纪60—80年代海外华侨通过"交通银行香港分行""香港金城银行""新华银行香港分行"等十二家不同银行转汇的人民币汇款证明书。

4-27 20世纪60—80年代侨汇证明书与信汇便条

保藏参考指数 ☆

这是十件20世纪60—80年代"中国银行汕头支行""广东省银行新加坡分行"的侨汇证明书和人民币信汇便条。

图4-26、图4-27是这一时期最常见的汇款通知书和信汇便条。在征集侨批的过程中,同户侨批时常夹杂有成叠的汇款通知书,但往往被人们忽视。其原因是侨汇通知书的形制与传统侨批封的外观差别太大,而且由于年代近,数量大,历史信息相对单薄等因素,汇款通知书少人问津。但这类通知书也是华侨寄钱的具体凭证,仅从金融角度就值得研究了,这也是其具有历史价值的关键因素。

4-28 20世纪50—70年代华侨自柬埔寨、越南、马来西亚寄潮汕侨信

保藏参考指数 ☆☆

这是三件20世纪50—70年代华侨寄故乡的信件。该信件均贴足邮票，经当地邮政盖销，寄潮汕后由邮递员分发侨属。

4-29 20世纪60—80年代华侨自香港寄澄海、潮安侨信

保藏参考指数☆☆

这是六件20世纪60—80年代华侨寄故乡的信件。这些信件均贴足邮资，经香港邮政盖销，从香港寄至澄海、潮安后，由邮递员分发侨属。

4-30　20世纪60—90年代华侨自印度尼西亚寄潮安侨信

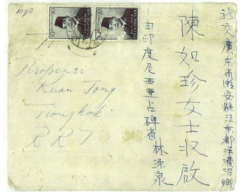

保藏参考指数 ☆☆

　　这是六件20世纪60—90年代华侨寄故乡的信件。这些信件均贴足邮资，经印尼邮政盖销，从印尼寄至潮安后，由邮递员分发侨属。

4–31 20世纪60—90年代华侨自新加坡寄潮安侨信

保藏参考指数 ☆☆

这是六件20世纪60—90年代华侨寄故乡的信件。这些信件均贴足邮资，经新加坡邮政盖销，从新加坡寄至潮安后，由邮递员分发侨属。

4-32　20世纪70—90年代华侨自新加坡寄潮安侨信

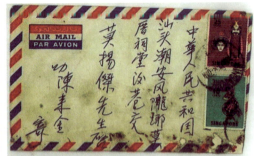

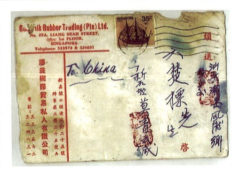

保藏参考指数 ☆☆

这是六件20世纪70—90年代华侨寄故乡信件。这些信件均贴足邮票，经新加坡邮政盖销，从新加坡寄至潮安后，由邮递员分发侨属。

4-33　20世纪80—90年代华侨自泰国寄潮安侨信

保藏参考指数 ☆☆

这是四件20世纪80—90年代华侨寄故乡信件。这些信件均贴足邮票，经泰国邮政盖销，从泰国寄至潮安后，由邮递员分发侨属。

图4-28至图4-33是20世纪50—90年代从东南亚及香港地区寄潮汕的华侨信件，这些信件可分为三大类：一是银信分开寄的侨信，即华侨通过批局寄钱，然后再经邮局寄信给亲人，详述外洋谋生境遇及吩咐批款分发、使用、留存等情况。二是寄食品、物品的侨信，新中国成立后，海外华侨除了批款源源不断挹注侨乡外，食品及生活必需品也从外洋接踵而至，种类五花八门，举不胜举。三是普通侨信，这类普通侨信涉及广泛，有的是华侨为故乡亲人调解矛盾的信件，有的是华侨介绍亲人出洋，提醒必须办理手续的信件，也有的是华侨在国内投资或侨属参与海外生意方面的书信往来。侨信与批信一样，与海内外亲人之间有着千丝万缕的关系。但批信侧重的是银和信，大多数批信内容较为简短，一般是祝颂问安、批银分配等常见的格式化批信，篇幅较长的批信往往难得一见。而侨信除了包含批信的信息之外，也包括华侨寄至故乡的一切书信。可见，侨信涉及范围较批信更广，一些历史资料正好与批信相互补充，充实侨批档案。

僑批檔案圖鑒

附录

引　言

　　附录收录了19世纪90年代至20世纪90年代与侨批档案有直接关系的华侨护照、出入境证、外洋工作证、居留证、外侨证、登记证、回国证等出洋谋生必备的证照以及海外华侨相片、华侨住宿旅店发单、船期广告表、人民出国申请表、华侨寄货通知单、邮包、水客银货单、汕头海关物品税款缴纳证、购买侨汇物资申请表、侨批服务社送批簿、侨批员解付侨汇清单、侨批总包、华侨特种商品供应证、印章等共160件。

　　以上内容各不相同，是侨批档案不可或缺的组成部分，从评级的角度，应如何判断哪一件更有价值呢？编者认为，一般情况下，年代越久远的、品相较佳的、在同类档案中存世稀少的，往往价值较高。但这不是绝对的，还要根据其适应范围、利用方向、文献性质等综合评估得出结论。如图1是1897年的华侨护照，图38是20世纪70年代的侨批总包，两件史料的时间相差约80年，哪一件更有价值呢？从其承载的信息来看，这两件实物各有特色，但实物的性质和作用却有天壤之别。护照是出洋谋生者出入国境、证明国籍和身份的证件；侨批总包是由邮局寄递的装有若干侨批或回批的包裹。总包很稀少，晚清护照更不多见，两者皆属一级侨批档案。在附录的纸质档案中，每件均标注"保藏参考指数"。但结尾的印章部分，因直观就可分辨优劣，就无须评星了。

1　1897年法属印度支那移民局发给华侨陈泉的入口护照

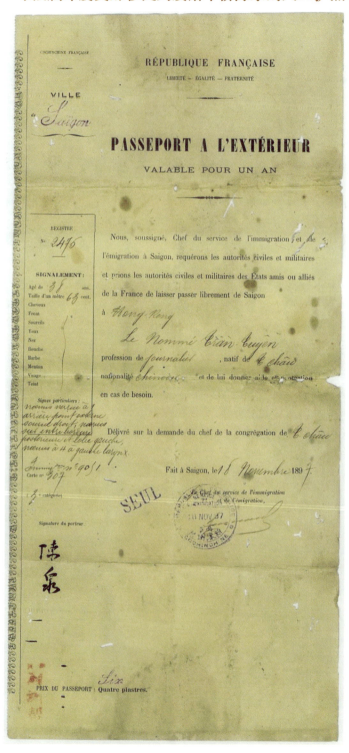

保藏参考指数☆☆☆☆☆☆☆

2 民国初期海外华侨相片

保藏参考指数☆☆☆☆☆☆

3　1930年东南亚"封信船期"广告表

保藏参考指数 ☆☆☆

4　1930年马来亚"芙蓉埠华生旅店"发单（右）；1931年马来亚"怡保中央高等旅店"单（左）

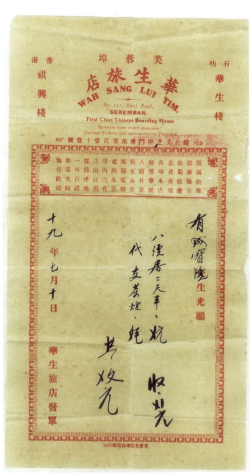

保藏参考指数 ☆☆☆

5　20世纪30年代"汕头张南发庄"货币行情表

保藏参考指数 ☆☆☆

6　1931年实叻华兴信局批单

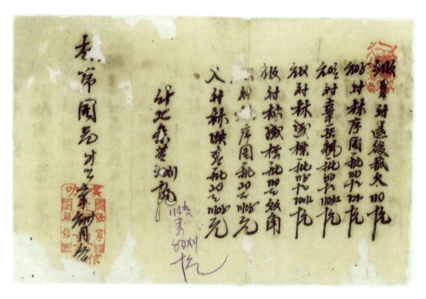

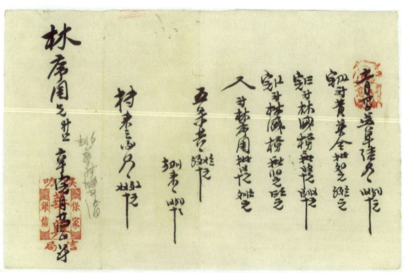

保藏参考指数 ☆☆☆☆☆☆

7 1931年法属印度支那移民局发给华侨黄森的出境证

保藏参考指数☆☆☆☆☆☆

8　20世纪30年代马来亚"麻坡三益金铺汇兑银两"单

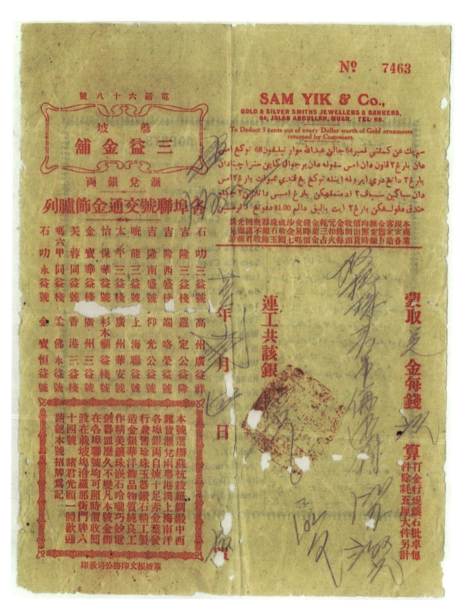

保藏参考指数 ☆☆☆

9 1937年泰国华侨工作证

保藏参考指数 ☆☆☆☆☆☆

10　1940年国民政府外交部发给华侨陈长芳护照

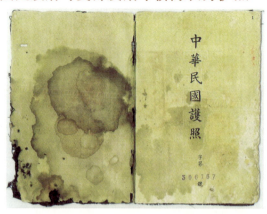

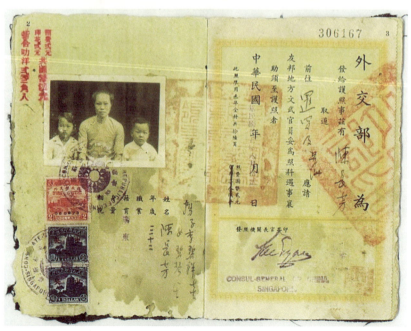

保藏参考指数☆☆☆☆☆☆

11 20世纪30年代泰国华侨黄光裕的外侨证

保藏参考指数☆☆☆☆☆☆

12　1940年海峡殖民地（政府）签发的登岸准证

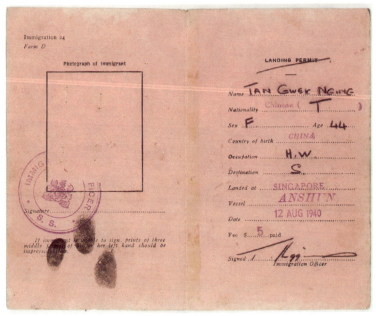

保藏参考指数☆☆☆☆☆

13　1941年香港（政府）签发给华侨陈得鹏的入境许可证

保藏参考指数☆☆☆☆☆

14　1945年南洋华侨互助社社员证书

保藏参考指数☆☆☆☆☆

15　1946 年法属印度支那签发的出境许可证

保藏参考指数 ☆☆☆☆☆

16　1947年新加坡签发的华侨入境执照

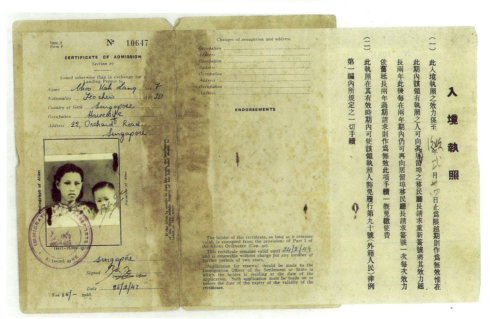

保藏参考指数☆☆☆☆☆☆

17　1947年泰国华侨居留证

保藏参考指数☆☆☆☆☆☆☆

18　1948年中华民国陈春城侨民登记证及登记收条

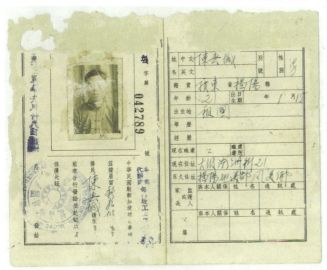

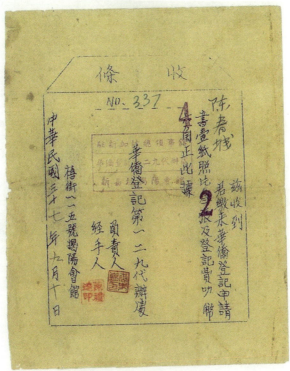

保藏参考指数 ☆☆☆☆☆☆

19　1948年新加坡裕成利批底

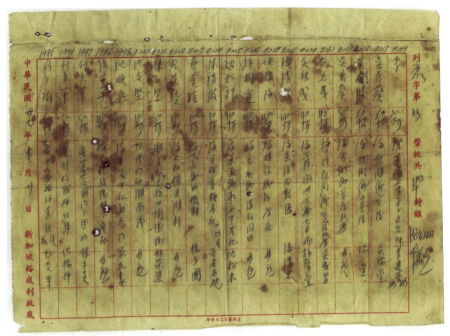

保藏参考指数 ☆☆☆☆☆☆

20　1948年华侨回国证明书

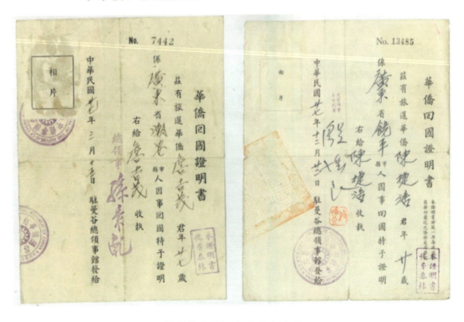

保藏参考指数 ☆☆☆☆☆

21　1950年泰国华侨纳税收据

保藏参考指数☆☆☆

22　1952年马来西亚华侨刘汉德入境执照

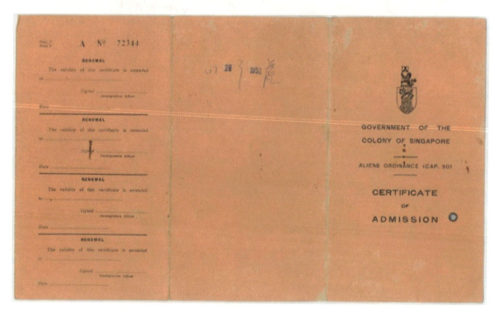

保藏参考指数☆☆☆☆☆

23　1954年汕头南和兴旅店船期表

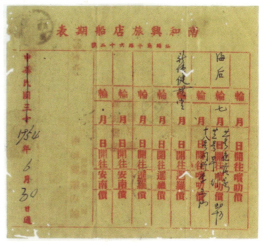

保藏参考指数 ☆☆☆

24　1956年汕头服务业旅栈组通知书

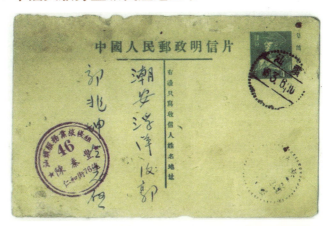

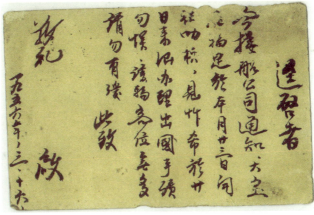

保藏参考指数 ☆☆☆

25　1958年华侨、侨眷、一般人民出国申请表

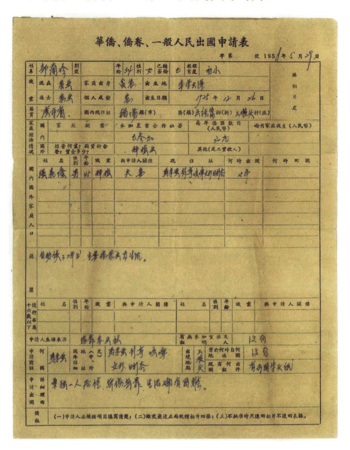

保藏参考指数 ☆☆

26　1958年澄海县商业局华侨特种布糖肉供应证

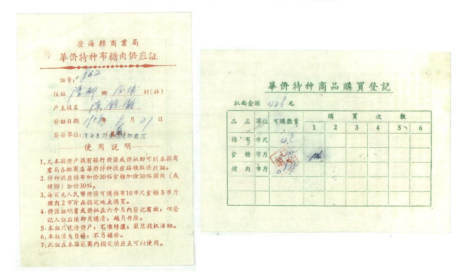

保藏参考指数 ☆☆☆

27 20世纪60年代麻坡华侨寄潮安仁里乡陈启盛物品通知单

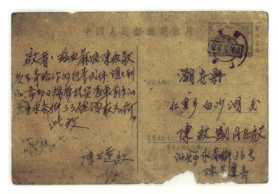

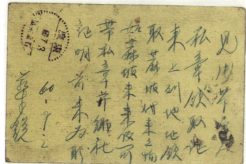
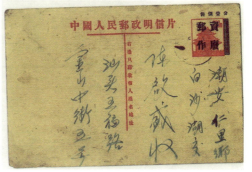

保藏参考指数 ☆☆☆

28 1965年柬埔寨华侨寄潮安邮包

保藏参考指数 ☆☆

29　1965年侨汇物资供应证票领出凭单

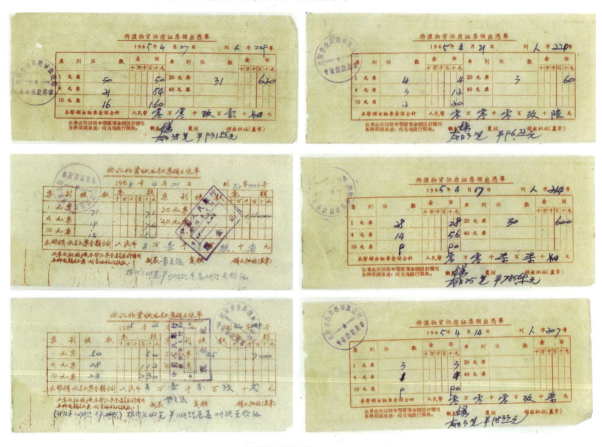

保藏参考指数 ☆☆☆☆

30　20世纪60年代水客银货单

保藏参考指数☆☆☆

31　20世纪60年代水客叶喜存苏清晖带货单

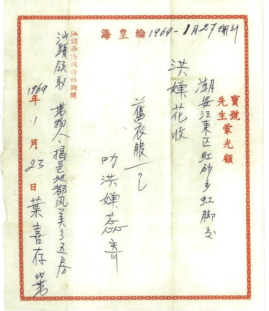

保藏参考指数☆☆☆

32 1964年汕头海关物品税款缴纳证

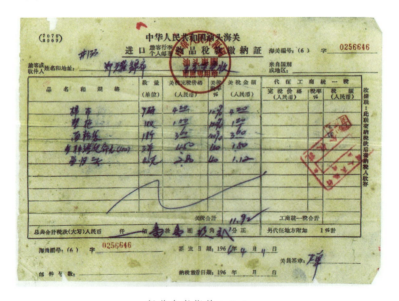

保藏参考指数 ☆☆☆

33　1956年和1970年汕头海关扣留物品凭单

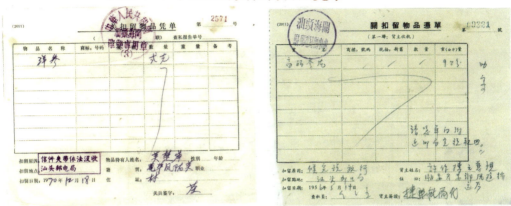

保藏参考指数 ☆☆☆

34　20世纪70年代汕头海关物品税款缴纳证

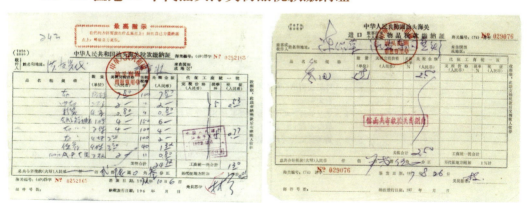

保藏参考指数 ☆☆☆

35　1976年购买侨汇物资申请表

购买侨汇物资申请表

197 6 年 10 月 26 日

大队	小队	姓名	家庭成份	外汇额（人民币计）
溪南卫生院		罗溪北爱支管理	劳动职工	500元以上

申请购买物资：凤凰牌或永久牌单车（或跑车）

大队贫管意见：

说明是我院医生，由海外胞妹和甥子汇款，购买自用，请给予解决为盼。

（盖章：饶平县溪南人民医院）

一九七六年十月廿六日

经营单位（公司）意见：

一九七 年 月 日

说明：
1、外汇证明书（汇款单）只限本人使用，不得借、送给别人。
2、申报购买侨汇物资时须将汇款单附申请表一起送经营单位审批。
3、购买侨汇物资严禁转手买卖。

保藏参考指数 ☆☆☆

36 20世纪70年代汕头侨批服务社送批簿

保藏参考指数 ☆☆☆☆☆

37 1975年侨批员解付侨汇清单

38　20世纪70年代，马来西亚槟城寄汕头侨批服务社的侨批总包

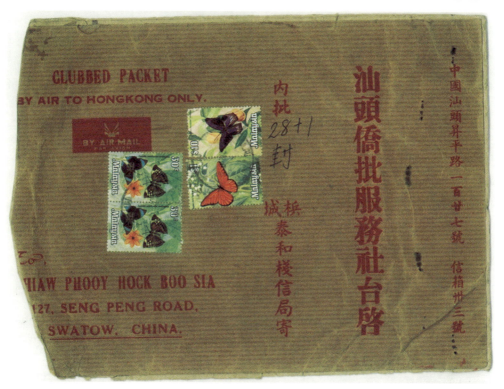

保藏参考指数☆☆☆☆☆☆☆

39 20世纪60年代澄海、潮安、饶平的华侨特种商品供应证

保藏参考指数 ☆☆☆

40　1965年广东省华侨特种商品供应证

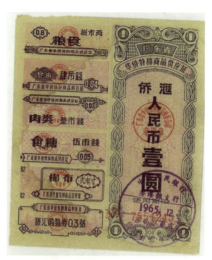

保藏参考指数 ☆☆☆☆

41　1966年广东省侨汇商品供应证

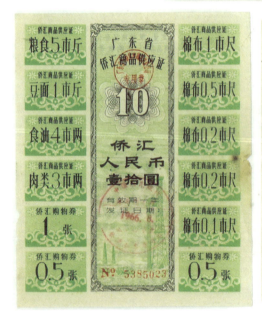

保藏参考指数 ☆☆☆

42　20世纪70—80年代广东省侨汇商品供应证

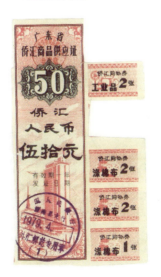

保藏参考指数 ☆☆

43　20世纪90年代广东省侨汇商品供应证

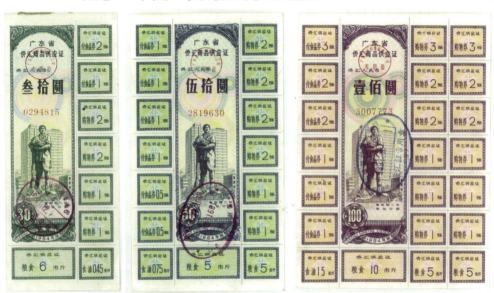

保藏参考指数 ☆

44 如意章

45　吉祥章

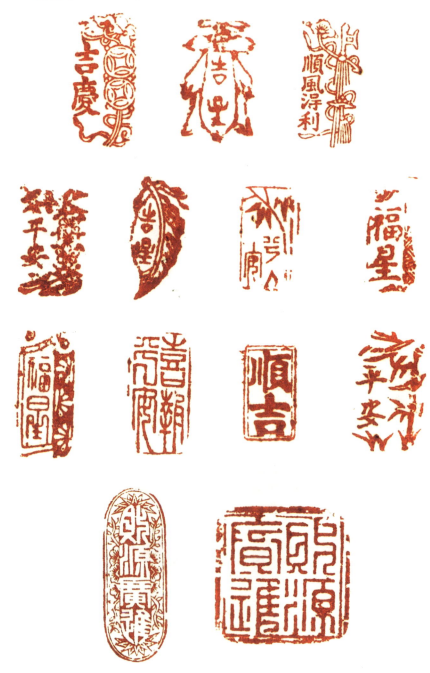

46 书柬章

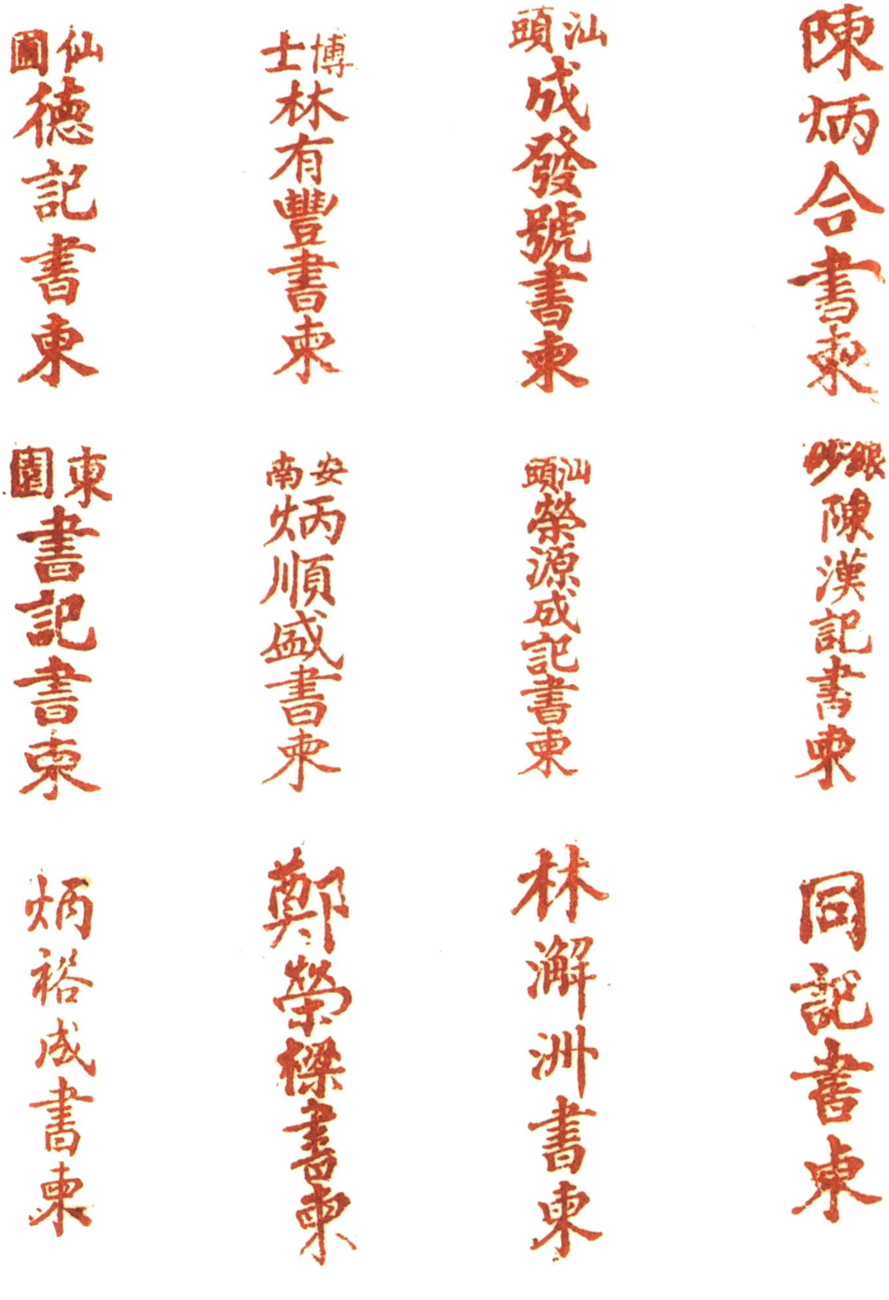

陳炳合書柬
汕頭 成發號書柬
博士 林有豐書柬
仙圃 德記書柬
銀沙 陳漢記書柬
汕頭 榮源成記書柬
安南 炳順盛書柬
東園 書記書柬
同記書柬
林澥洲書柬
鄭榮樸書柬
炳裕成書柬

47　护封章

48　经营章

汕頭福成泰滙票　　叻喷萬德豐棧　　汕頭德和成信緘　　越三振賢盛批緫　　　訂明國幣　民國念捌年

南安 SAIG ON.　　粵呼怒號源豐黃 NG HONG GUAN HO　　TAI YEAK 達益 圖章 SYONAN

叁伍壹號掛話電頭汕　　星期　國幣　澄海　

朝萊金出平地藏宙雨

侨批列字章

　　评判如意章、吉祥章、书束章、护封章、经营章的价值，应视其的工艺、材质、品相、内容等。雕刻精美、内容较好的"章"，保藏价值则高，相反则少之。

侨批档案解读对照表

一、苏州码（花码、商码、番仔码、猪屎码）与阿拉伯数字对照表

苏州码	〡	〢	〣	╳	〥	〦	〧	〨	〩	〇
阿拉伯数字	1	2	3	4	5	6	7	8	9	10

二、侨批档案常见农历月份别称对照表

月份	一	二	三	四	五	六	七	八	九	十	十一	十二
	正月	杏月	桃月	初夏	午月	荷月	凉月	中秋	凉秋	阳月	畅月	暮冬
	元月	花月	桐月	孟夏	仲夏	季夏	申月	仲秋	季秋	孟冬	仲冬	季冬
	寅月	仲阳	季春	梅月	蒲月	暑月	巧月	桂月	菊月	初冬	子月	暮冬
	初月	仲春	暮春	槐月	榴月	荔月	孟秋	正秋	玄月	开冬	葭月	严冬
	端月	卯月	辰月	槐序	端阳	伏月	瓜月	壮秋	暮秋	吉月	寒月	严冬
	正春	如月	晚春	麦月	兰月	焦月	上秋	酉月	戌月	上冬	雪月	末冬
	泰月	丽月	末春	麦秋	中夏	精阳	霜月	桂秋	霜序	坤月	辜月	腊冬
	初春	伸春	嘉月	清和	炎夏	季月	首秋	清秋	菊秋	小春	中冬	冰月
	新正		蚕月	余月			初秋	爽月	菊序	亥月	正冬	完月
	早春			巳月			新秋		咏月	良月	中寒	丑月
				首夏			兰秋			玄冬		

三、近现代公元纪年与年号、干支纪年对照表

公元	干支	年号	公元	干支	年号	公元	干支	年号
			1875	乙亥	光绪　元年	1900	庚子	光绪廿六年
1851	辛亥	咸丰　元年	1876	丙子	光绪　二年	1901	辛丑	光绪廿七年
1852	壬子	咸丰　二年	1877	丁丑	光绪　三年	1902	壬寅	光绪廿八年
1853	癸丑	咸丰　三年	1878	戊寅	光绪　四年	1903	癸卯	光绪廿九年
1854	甲寅	咸丰　四年	1879	己卯	光绪　五年	1904	甲辰	光绪三十年
1855	乙卯	咸丰　五年	1880	庚辰	光绪　六年	1905	乙巳	光绪卅一年
1856	丙辰	咸丰　六年	1881	辛巳	光绪　七年	1906	丙午	光绪卅二年
1857	丁巳	咸丰　七年	1882	壬午	光绪　八年	1907	丁未	光绪卅三年
1858	戊午	咸丰　八年	1883	癸未	光绪　九年	1908	戊申	光绪卅四年
1859	己未	咸丰　九年	1884	甲申	光绪　十年	1909	己酉	宣统　元年
1860	庚申	咸丰　十年	1885	乙酉	光绪十一年	1910	庚戌	宣统　二年
1861	辛酉	咸丰十一年	1886	丙戌	光绪十二年	1911	辛亥	宣统　三年
1862	壬戌	同治　元年	1887	丁亥	光绪十三年	1912	壬子	民国　元年
1863	癸亥	同治　二年	1888	戊子	光绪十四年	1913	癸丑	民国　二年
1864	甲子	同治　三年	1889	己丑	光绪十五年	1914	甲寅	民国　三年
1865	乙丑	同治　四年	1890	庚寅	光绪十六年	1915	乙卯	民国　四年
1866	丙寅	同治　五年	1891	辛卯	光绪十七年	1916	丙辰	民国　五年
1867	丁卯	同治　六年	1892	壬辰	光绪十八年	1917	丁巳	民国　六年
1868	戊辰	同治　七年	1893	癸巳	光绪十九年	1918	戊午	民国　七年
1869	己巳	同治　八年	1894	甲午	光绪二十年	1919	己未	民国　八年
1870	庚午	同治　九年	1895	乙未	光绪廿一年	1920	庚申	民国　九年
1871	辛未	同治　十年	1896	丙申	光绪廿二年	1921	辛酉	民国　十年
1872	壬申	同治十一年	1897	丁酉	光绪廿三年	1922	壬戌	民国十一年
1873	癸酉	同治十二年	1898	戊戌	光绪廿四年	1923	癸亥	民国十二年
1874	甲戌	同治十三年	1899	己亥	光绪廿五年	1924	甲子	民国十三年

续上表

公元	干支	年号	公元	干支	公元	干支	公元	干支	公元	干支
1925	乙丑	民国十四年	1950	庚寅	1975	乙卯	2000	庚辰		
1926	丙寅	民国十五年	1951	辛卯	1976	丙辰	2001	辛巳		
1927	丁卯	民国十六年	1952	壬辰	1977	丁巳	2002	壬午		
1928	戊辰	民国十七年	1953	癸巳	1978	戊午	2003	癸未		
1929	己巳	民国十八年	1954	甲午	1979	己未	2004	甲申		
1930	庚午	民国十九年	1955	乙未	1980	庚申	2005	乙酉		
1931	辛未	民国二十年	1956	丙申	1981	辛酉	2006	丙戌		
1932	壬申	民国廿一年	1957	丁酉	1982	壬戌	2007	丁亥		
1933	癸酉	民国廿二年	1958	戊戌	1983	癸亥	2008	戊子		
1934	甲戌	民国廿三年	1959	己亥	1984	甲子	2009	己丑		
1935	乙亥	民国廿四年	1960	庚子	1985	乙丑	2010	庚寅		
1936	丙子	民国廿五年	1961	辛丑	1986	丙寅	2011	辛卯		
1937	丁丑	民国廿六年	1962	壬寅	1987	丁卯	2012	壬辰		
1938	戊寅	民国廿七年	1963	癸卯	1988	戊辰	2013	癸巳		
1939	己卯	民国廿八年	1964	甲辰	1989	己巳	2014	甲午		
1940	庚辰	民国廿九年	1965	乙巳	1990	庚午	2015	乙未		
1941	辛巳	民国三十年	1966	丙午	1991	辛未	2016	丙申		
1942	壬午	民国卅 年	1967	丁未	1992	壬申	2017	丁酉		
1943	癸未	民国卅二年	1968	戊申	1993	癸酉	2018	戊戌		
1944	甲申	民国卅三年	1969	己酉	1994	甲戌	2019	己亥		
1945	乙酉	民国卅四年	1970	庚戌	1995	乙亥	2020	庚子		
1946	丙戌	民国卅五年	1971	辛亥	1996	丙子				
1947	丁亥	民国卅六年	1972	壬子	1997	丁丑				
1948	戊子	民国卅七年	1973	癸丑	1998	戊寅				
1949	己丑	民国卅八年	1974	甲寅	1999	己卯				

附：1. 日本昭和纪年：从公元1926年12月26日开始（昭和元年即公元1926年）。
2. 泰国佛历纪年：侨批中所示的泰国佛历纪年减去543便是侨批的公元纪年。

参考文献

[1] 王文英. 国民日用百科全书［M］. 上海：大达图书供应社，1935.
[2] 饶宗颐. 潮州志·实业志［M］. 潮州：潮州修志馆，1949.
[3] 马任全. 中国邮票图鉴［M］. 上海：上海文化出版社，1988.
[4] 黄达，刘鸿儒，张肖. 中国金融百科全书［M］. 北京：经济管理出版社，1990.
[5] 瞿宽. 新编集邮词典［M］. 北京：中国展望出版社，1991.
[6] 澄海县地方志编纂委员会. 澄海县志［M］. 广州：广东人民出版社，1992.
[7] 潮汕百科全书编辑委员会. 潮汕百科全书［M］. 北京：中国大百科全书出版社，1994.
[8] 盛名环，黄宪明. 中国集邮百科全书［M］. 北京：人民邮电出版社，1996.
[9] 吴筹中. 中国纸币研究［M］. 上海：上海古籍出版社，1998.
[10] 王琳乾，邓特. 汕头市志［M］. 北京：新华出版社，1999.
[11] 邹金盛. 潮帮批信局［M］. 香港：艺苑出版社，2001.
[12] 汕头市政协学习和文史委员会、澄海区政协文史资料委员会. 樟林古港［M］. 香港：天马出版有限公司，2004.
[13] 王炜中，杨群熙，陈骅. 潮汕侨批简史［M］. 香港：公元出版有限公司，2007.
[14] 许茂春. 东南亚华人与侨批［M］. 泰国：泰华进出口商会，2007.
[15] 叶春生，林伦伦. 潮汕民俗大典［M］. 广州：广东人民出版社，2010.
[16] 曾旭波. 侨批丛谈［M］. 香港：天马出版有限公司，2010.
[17] 沈建华，徐名文. 侨批例话［M］. 北京：中国邮史出版社，2010.
[18] 蔡少明. 中国潮汕侨批史［M］. 北京：人民邮电出版社，2012.

［19］隆都镇华侨志编纂委员会. 隆都镇华侨志［M］. 香港：文化走廊出版社，2013.

［20］王炜中，等. 潮汕侨批论稿［M］. 香港：天马出版有限公司，2013.

［21］广东省档案馆. 侨批故事［M］. 广州：广东人民出版社，2014.

［22］潮汕历史文化研究中心. 侨批文化［M］. 第二十三期，2015.

［23］陈荆淮. 海邦剩馥：侨批档案研究［M］. 广州：暨南大学出版社，2016.

［24］孙浩. 百年银圆·中国近代机制币珍赏［M］. 上海：上海科学技术出版社，2016.

［25］闽南侨批大全（第一辑）［M］. 福州：福建人民出版社，2016.

［26］罗仰鹏. 难舍的根脉·潮汕侨批山水封欣赏［M］. 广州：暨南大学出版社，2017.

后　记

　　编著一册侨批档案图鉴的想法，在 2011 年笔者的第一本侨批拙著出版之前就萌发了，但因一些客观原因而搁置。一晃八年过去了，这个念头并不因岁月的流逝而尘封，反而每当触及侨批，编著图鉴的想法就现于头脑中。一册图鉴，不仅仅是侨批收藏者、研究者的工具书，而且可为侨批档案的征集、整理、鉴定、估价等提供一定的借鉴作用，同时也对宣传世界记忆遗产，弘扬侨批的"海丝"精神，"进一步做好历史文化的纪录与传承，助推广东文化强省建设"具有积极而深远的意义。

　　笔者多次被收藏者和新闻媒体问及一个相同的问题：究竟什么样的侨批是好侨批呢？该如何界定呢？笔者收藏、研究侨批已逾 30 年，也该有所回答，思忖再三，认为最好的方式就是将侨批分级，编成图鉴。但目前国内外尚无先例可供遵循。侨批图鉴不同于查阅钱币或邮票的工具书，一币一票对号入座，一目了然。侨批数量庞大，而且每封都是独立的，分级难度可想而知。笔者经过反复思考，确定了编写方向，即选择较有代表性的侨批，按时间先后顺序、稀少程度进行编排、分级、释文，力求让读者有所启发，触类旁通。

　　编著本图鉴的过程，也是学习、揣摩、积累经验的过程。首先要从数以万计的侨批中，分类、整理、对比，选择一至四级侨批作为例图。由于初选的每一级侨批都需要铺开，以便直观研究，限于设备只能将侨批排列于地板上逐一检阅。面对每排十多米长的侨批，笔者不分昼夜地思考、掂量、拣择、补充、编号互换、从头审核到尾、又从尾审核到头，为了一封适当的侨批能在一个适当的位置发挥最佳作用，反复斟酌、推敲，直至确定。

　　回顾 30 多年来收集侨批之路，往事历历在目，不胜感慨。20 世纪 80 年代后期，笔者就开始收集纸币，每天都与"落乡人"① 打交道。落乡人早出晚归，一辆

---

　　① 当时粤东、闽南一带各乡村，均有专门从事下乡收购旧书杂货的人，人们习惯称呼他们为"落乡人"。

破旧的自行车时常装满了从乡下收购的废品，杂七杂八，有契约、歌册、收据、票证、纸币、侨批及一些废旧物品等。他们回家后集中分类，往往把侨批扎成一捆捆或一纸箱一纸箱，然后喷水以增加重量，卖给废品收购点。笔者多次制止过他们不要喷水，这些侨批我要收购。那时，笔者根本不懂侨批，只因一些侨批所贴的邮票引起我的兴趣。就这样，笔者以比废纸价略高的价钱，陆续收集侨批。时久日长，一堆堆的侨批与日俱增。家人十分反感，认为侨批是人家扔掉、烧掉的东西，而我天天往家里搬，究竟怎么回事？笔者因痴迷收集，也常被落乡人和古玩行业戏称为专门收集"垃圾"的，真是内外不讨好！如今，侨批一年比一年锐减，一年比一年难于收集，从当初任人抛弃，到现在一批难求，转瞬之间，30多年过去了！当我重温当时与我打交道的落乡人时，他们多数年事已高，或早已转行，或赋闲在家，有的已到另一个世界了。顷刻之间，头脑涌现一位位落乡人，向我诉说收集侨批过程中鲜为人知的辛酸故事⋯⋯

落乡人每当天刚亮，就穿梭于潮汕的农村小巷，卖力吆喝："旧书旧报纸旧信封来卖"，有时因影响人家休息，被人大叱"日日来这里哭父死母，你下次敢来噪死人，无跟你客气"。更倒霉的是，被家犬边吠边追，跌倒了，顾不上膝盖磨破，赶紧爬起来狼狈而逃。至于日晒雨淋，更属正常之事。

当初的批脚（分批人）和现今的落乡人（收批人）有点相似，都是为生活起早摸黑靠侨批赚钱养家。不同的是分批人受到侨属的欢迎和礼遇，而收批人往往遭人白眼和轻视。但正是收批人的默默付出，才能在客观上保护了大量侨批，让其《世界记忆名录》中免遭湮灭。

通过大量的侨批实物，笔者也发现了一些学术问题，比如学界通常说的侨批为"银信合一"或"银信合封"，这种观点不完全正确，不少侨批只寄"银"，没有信，因此，侨批未必是"银信合一"或"银信合封"。

又有学者说："盗贼往往不敢抢劫批银，说是'盗亦有道'，懂得批银是血汗钱。"其实，批局分批有两种不同的操作方式，即"分批不分银"和"银信齐交"。碰到仅分批信的，盗贼抢劫批信有何用处？经常接触侨批实物者应该知道，侨批封上常常可见"带旧批到浮洋茂生领银""祈向东里分司前合盛昌领取"等的红色印记，向侨属说明领取批款的地址，除非海外寄批者"订明银项上门送交"，分批人才带齐银信，登门送现。

以上举例，说明一个道理：只有长期从事基层实践，掌握大量实物、证据，才能厘清侨批的内在含义。某些值得商榷的问题，侨批档案中不是没有答案，而是挖掘的深度不够。

值得庆幸的是，笔者将编著本书的构思于 2017 年向广东省档案局（馆）孟凡华副局（馆）长、钟鸣主任、张凌副主任汇报，恳请诸位领导赐教时，得到他们的鼓励和支持，并为书稿撰写提出具体的要求和建议，使本书的编写得以顺利进行。在此，谨表衷心谢意！

在编著本书的过程中，乡邻陈椰博士十分关心，常作为第一读者审阅书稿，帮助解决疑难问题，为本书耗费了不少时间和精力。

侨批文物馆林庆熙馆长，不辞辛劳，认真审阅书稿，释疑解难，为本书的出版付出了辛勤劳动。

谨此，向以上专家学者的大力支持，致以真诚的感谢！

本书编著过程中，得到广东省档案馆黄晓明先生、王寒先生，汕头大学陈景熙教授、汕头大学图书馆金文坚副研究馆员，广东省岭海档案馆李楷瀚馆长，汕头市侨批文物馆吴奕琛副馆长，王惠博士，席德华博士，陈锐嘉先生，黄桂华先生，周锐琛先生，李松德先生，林金峰先生，吴海英先生，张章蔓老师，为本书题写书名的张樟奇先生的支持和帮助，值此《侨批档案图鉴》出版之际，表示深深的敬意和感谢！

限于作者水平，疏漏和错误在所难免，敬请读者、方家见谅并指正。

张美生

2019 年初冬